必無一戰

從"一中各表"到"主權共享"

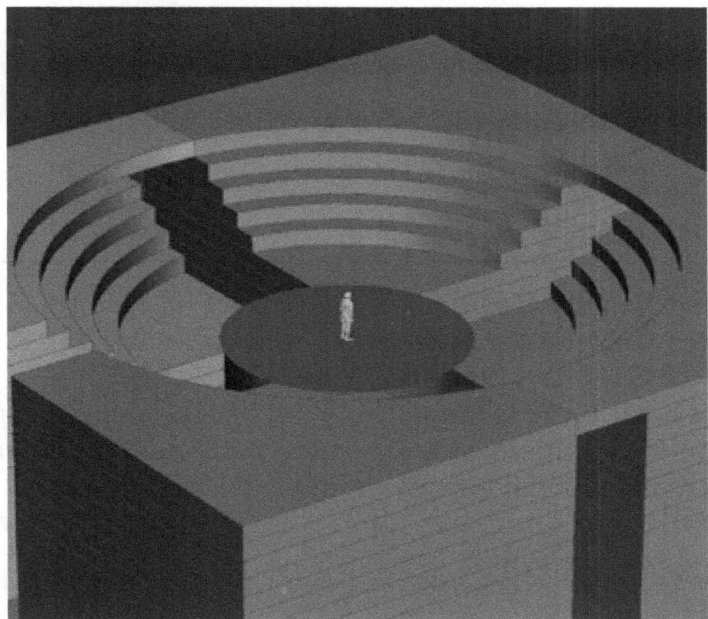

作者：邱治平

ASIAN CULTURE
PRESS

書名：必無一戰：從"一中各表"到"主權共享"
Title: Destined for No War: From "One China with respective interpretations" to "Shared sovereignty"

作者：邱治平
Author: Zhiping Qiu
作者郵箱：qiuzp2010@163.com

封面設計：曾任玲
Cover Designer: Renling Zeng

本書在美國科羅拉多州博爾德市印刷和發行
Printed and distributed in the United States of America

Copyright © 2023 by Zhiping Qiu

本書由美國 Asian Culture Press LLC 出版
地　址：1942 Broadway, Suite 314C, Boulder, CO 80302, United States
邮箱：info@asianculture.press
字数：45.406 千字
版次：2023 年 8 月第 1 版
書號：978-1-957144-82-5

目 錄

概　要

創新性：西方政治理論中，沒有"主權共享"的概念，需要後人在歷史的演化進程中，根據現實需要對理論進行發展和創新，這就是理論創新的意義所在。歸根到底，理論是為現實服務的。

必要性：主權問題是兩岸統一的核心問題。九二共識之後，中國兩岸不但沒有朝統一走去，反而愈走愈遠，除了政客的操弄，統一所觸及的核心問題，即主權問題非常棘手。名不正則言不順，各國政治講究所謂"大義名分"，"名分"不清，"大義"就難以伸張。

目的性：理論創新的目的，是解決現實問題。"主權共享"目的是為瞭解決兩岸和平統一問題。

核心概念："主權共享"不是兩個主權之間的互相吞併，也不是兩個主權的相互獨立，而是在一個民主、和平、平等的主權理論框架下，兩個地區或者實體共同享有同"一個更大、更強、更和平、更穩定的主權"。

實現途徑："先民間，後官方"。根據兩岸互信現狀，從溝通效果來看（非官方）"民間會談"好過（官方）政權之間的"正式談判"。比如"汪辜會談"本質上就是非官方的，先談好，有了共識之後，兩岸政權再正式承認這個"共識"。比起官方正式談判，這種操作方式令雙方都有更大的迴旋餘地。

前 言

國家主權的理論與創新

一般認為，現代"主權國家"的理論基礎來源自 16 世紀的法國思想家 J. 博丹，他認為主權是一國享有的、統一而不可分割的、凌駕法律之上的、獨立自主地處理內外事務的最高權力。主權理論的要點是：主權不可分割，具有排他性。也就是說："主權國家"在國內有最高的對內主權，在國際上有獨立的對外主權，二者統一而不可分割。

"主權觀念"為國際關係和國際法奠定了理論基石，"主權原則"成為國際關係的根本準則。隨著《威斯特伐利亞和約》的締立，人類社會第一次產生了現代意義上的、由"主權國家"組成的"國際體系"。第一次世界大戰結束時，世界上僅有 50 多個主權國家。第二次世界大戰後有了很大發展，到 90 年代初已達 170 多個。

但是，現代意義上的"主權國家"是在中央集權制的資產階級民族國家形成後才出現的。因為隨著歐洲啟蒙運動的興起和各國資產階級革命的爆發，代表封建王權和貴族利益的"朕即國家"舊式主權觀念受到人民的唾棄，國家"主權的來源"本身成為了一個大問題。

歐洲啟蒙運動的成果就是確立了"主權在民"成為整

個人類文明社會的新共識，"主權在民"的另一個名稱，就是"人民主權"，即是指：國家中絕大多數人擁有國家的最高權力。

現代主權國家的一切制度安排 無論是君主立憲制，還是共和制，都是為了體現這個"主權在民"原則，這個原則也是世界各地政權最終、最根本的合法化來源。

二戰後世界各地反殖民運動風起雲湧，大英帝國等舊有殖民體系分崩離析，理論根源和合法化來源，就是建立在人民主權理論基礎上的、專門針對殖民主義的民族自決"。

為什麼大清滅亡之後，中國不分裂成"漢、滿、蒙、回、藏"五大塊？因為在法理上"漢、滿、蒙、回、藏"就是中國土地上的原住民，而不是中國土地的外來殖民者，其族群認同在清末以"五族大同"得到中國各族全民共識，並以《清帝退位詔書》官方法定確立。

而在 1912 年 1 月 1 日，孫中山更是發表《中華民國臨時大總統宣言書》，第一次提出了"五族共和"論："國家之本，在於人民。合漢、滿、蒙、回、藏諸地方為一國，即合漢、滿、蒙、回、藏諸族為一人。是曰民族之統一。"並專門對武昌起義後十數行省先後宣佈獨立作了說明："所謂獨立，對於清廷為脫離，對於各省為聯合，蒙古、西藏，意亦如此，行動既一，決無歧趨，樞機成於中央，斯經緯周于四至，是曰領土之統一。"南北議和之後，

3

五族共和成為民國的官方思想和無可爭議的官民共識。

　　主權理論有兩大要點，一是"主權不可分割"，一是"排他性"，因此一個國家的內戰，往往也圍繞這兩個要點而展開。

　　比如，美國"南北戰爭"就是美國北方各州為了維護"美利堅合眾國"作為主權國家的完整性、不可分割性，反對南方各州的分裂而發動的戰爭。另一種內戰性質是為了解決"排他性"的問題，也就是說，解決"國家往何處去要聽誰"的爭端。比如，中國的辛亥革命，是帝制和共和的對決，而隨後的兩次國共內戰則是中國"要姓資還是要姓社"的對決，都是為了解決這個"排他性"的主權問題。

　　但是中國的主權理論問題，後來發展出了前所未有的、和西方傳統的主權理論不一致的特殊性。這個特殊性的來源，來自鄧小平。

　　按照鄧小平的論述，"一國兩制"是指在一個中國的前提下，國家的主體堅持社會主義制度，香港、澳門、臺灣保持原有的資本主義制度長期不變。

　　這是非常有想像力、很大膽、對於西方傳統的主權理論來說有些離經叛道的政治設想 然而對於同一民族、又長期在意識形態和軍事上敵對的兩個地方當局來說，"一國兩制"釋出了前所未有的巨大善意，儘管很多概念還是不具體清晰和明確，但"一國兩制"的包容性設想，對於傳統國家主權的內部權力"排他性"進行了強有力的消解。自此之後，直至 1992 年，雙方向著和解以及交流，邁出了試探性、卻又堅實的一步，這就是劃時代的汪辜會談。

可以說，沒有"一國兩制"的主權理論創新，就沒有汪辜會談，也不會達成"一個中國，各自表述"（簡稱"一中各表"）的所謂"九二共識"。

汪辜會談在本質上是屬於民間交流，而不是兩個當局之間的官方談判，汪辜在談出"共識"之後，再取得兩岸當時執政當局官方的承認和確認，後來更成為兩岸官方、尤其中國大陸當局處理台海關係的基石。

無疑，從"一國兩制"再到"一中各表"，兩岸向中華民族的和平統一邁出了堅實一步，但由於涉及"國家主權"的很多基本概念無法再進一步清晰厘定，導致此後三十年兩岸之間的和平談判無法再進一步開展，甚至很多的主權議題成為臺灣政界和學界爭端的焦點之一，並在某些政客的操弄下，不斷強化"誰要吞掉誰"的敵意，並動輒以"賣台"等標籤貼在政敵身上進行攻擊，以至於再次出現了與中國歷史上南宋和南明類似的"談和即投降"極端政治現象，兩岸關係再次陷入低潮。隨著 2022 年後，在西方大國的不斷強力介入和操弄下，臺灣海峽兩岸霎時間戰雲密佈，劍拔弩張。

危局之際，有政治家呼籲兩岸加強"交流"，但交流本身並不代表消除異見，更不能消除冷酷政治鬥爭必然會帶來的不信任感。比如，再多的交流，也不可能消除雙方在最基本、最核心問題上的異見："一國兩制"的"一國"到底是指哪個國？"一中各表"的"一中"，到底是指哪個中？國號問題就是國家主權的最基本問題，背後涉及的國家主權歸屬和更具體的政治權力分配，更是千絲萬縷，牽一髮而動全身。處理不好的話，很容易出現"到底誰吞併誰？"、"亡國感"等高度擾動民眾情感的情緒議題。

鄧小平的"一國兩制"政治創舉並沒有否定現代西方的國家主權理論，也沒有否定國家主權在"完整性"和"排他性"上的特質，而是從實踐上對國家主權理論進行發展和完善，以一定的戰略模糊和包容性，促進爭議雙方的交流和對話，減少對抗，其出發點和效果都是現實主義的，但"一國兩制"在台海後來止步於"一中各表"，問題也在於其模糊性。

鄧小平也說過一句話：主權問題是不能談判的。

美國的南北分歧也不是在談判桌上解決的，而是通過硝煙、鋼鐵和鮮血解決的。

從"一國兩制"的主權理論創新，到"一中各表"的官方承認，至此後三十年兩岸和談再無進展，為什麼談不下去了？因為"一中各表"在本質上同時公開了雙方的"共識與分歧"：雙方在"主權在不可分割"上達成了共識，這無疑是巨大的歷史成就，但在"主權排他性"上出現巨大分歧，在觸及了最根本性的"主權不可分割"問題後，再談下去，就是"主權排他性"的問題了，也就是"一個中國，到底是指中華人民共和國，還是中華民國"的問題。

而排他性的問題，歷史上只能通過鐵和血解決。

臺灣海峽兩岸之間，再次亟需根本性、創新性的理論突破，推進國家和平統一，讓中華永免兄弟相殘的民族內戰，台海兩岸普通百姓免卻妻離子散的刀兵之禍。

中國大陸的容忍底線是"一個中國，兩種制度"，臺灣的接納底線是"一個中國，各自表述"。表面上都是"一個中國"， 內涵卻是迥異：北京認為"一個國家"是指"中華人民共和國"，臺北認為"一個中國"是指"中華民國"。如何和平解決雙方當局對於國家主權"排他性"分歧，成為國家主權理論創新最棘手、也是最關鍵的核心問題。

"主權共享"的國家主權理論，就是在解決了"主權不可分割"問題之後，如何在保證雙方當局利益與需求的前提和基礎上，進一步和平解決"排他性"問題的現實解決方案。

第一部分

台海兩岸關係的歷史、現狀與走向

1. 對台海兩岸關係歷史的回顧

　　單從地圖上看，臺灣島和另一個中國的海島省份海南島一樣，面積差不多大小，和大陸也是僅僅相隔了一道狹窄的海峽，然而從政治和歷史的角度上，島和島是不一樣的：海南島早在先秦時期就已經內屬中原王朝，秦漢時期就建立郡縣，長期隸屬廣東管轄，在歷史上一直處於中原王朝的嚴密管治之下。

　　臺灣儘管在歷史上其主要的人口組成、文化、經濟上均源自中國大陸，尤其是來自福建和廣東，可以說自古以來就是中華經濟文化圈的一部分，但是臺灣作為"地方"，和大陸中央王朝發生"中央－地方"的歸屬關係，在時間上則遠晚於海南島。

　　臺灣的名稱在中國歷朝歷代，都屢有變更，在漢朝和三國時期稱為"夷洲"，隋朝與唐朝時稱為"流求"；宋朝時稱"流求"或"琉求"；元朝時稱"琉求"或"瑠求"；明朝洪武年間則稱為"小琉球"。明朝中期以後，民間對臺灣各地的稱呼很多，如"雞籠山"，指臺灣北部，"北港"則指臺灣西部沿海一帶；1558 年，明朝官方文書《明神宗實錄》中，稱臺灣為"東番"；到了鄭成功時期，改稱東都"，後鄭經改為東寧"；到了清朝，正式更名為臺灣"，並設置"臺灣府"，隸屬於福建省，這是臺灣定名的正式由來。

從名稱的變動上可看出，臺灣海峽兩岸在明朝時期開始正式確定'中央－地方'的歸屬關係，臺灣作為"地方"，其對中國大陸中原王朝作為"中央"的確認和共識亦由此確立。當大清皇朝在甲午戰爭敗於日本，簽訂《馬關條約》割讓臺灣島時，中華大地舉國震動，並發出了"四萬萬人齊下淚，天涯何處是神州"的悲鳴，割地臺灣的大清朝因其"喪權辱國"，在中國大陸的統治合法性也隨之發生巨大動搖，並在十幾年後皇朝滅亡。

　　日據時期（1895-1945）50 年，臺灣作為日本帝國的殖民地，和中國大陸的直接政治、經濟關係被強行割斷，中國大陸與臺灣及澎湖列島的航運與貿易，被日本人全部控制，大陸與臺灣、澎湖列島的航運與貿易，也隨之進入一個被破壞的複雜時期，直到 1945 年光復後，陸臺之間正常經貿往來才開始逐漸全面恢復。

　　1949 年，光復僅僅 4 年之後，在內戰失敗的中華民國"中央政府"蔣介石政權及其軍隊敗退臺灣，隨著國共兩軍在臺灣海峽一帶陷入僵持，台海兩岸再次陷入敵對狀態。

　　在政治上，臺灣地區當局在 1971 年之前在國際舞臺上被很多國家視為"中國"的合法政府，但隨著臺灣當局在 1971 年丟失其代表中國合法政府的聯合國議席，被中國大陸當局取而代之，此後在國際政治舞臺上逐漸被孤立和邊沿化，在兩岸關係上，其從政治上相對於中國大陸不斷處於弱勢。在經濟上，中國大陸和臺灣地區走出了不同的發展軌跡，在 1979 年中國大陸地區進行"改革開放"之前，臺灣深度融入二戰後西方經濟圈並得到高速發展，成為"亞洲四小龍"之一，其從經濟上，相對於中國大陸來說，在總量上弱勢一開始並不明顯，而且在人均 GDP 上，臺灣地區從 1980 年代到 1990 年代長期高出中國大陸地區十倍、甚至數十倍以上，之後才被中國大陸地區不斷拉近距離，但直至 2021 年臺灣地區人均 GDP 仍高出大陸地區 2.5 倍左右。

1979 年後中國大陸地區推行"改革開放"國策，吸收外國和外來資本，積極融入西方經濟大循環和各個產業鏈條之中，台海兩岸的經濟合作和政治、文化交流，都得到前所未有的巨大發展，中國大陸地區自身也逐漸發展成為世界最大的工業基地和市場。而隨著雙方在政治和經濟上力量對比全面變動，臺灣海峽兩岸的政治經濟關係也隨之發生巨變。

在法理和敘事上，中國大陸當局一直視臺灣問題為內戰問題的歷史延續，臺灣當局在 1992 年的汪辜會談中，以"一中各表"的形式，間接認同了這種歷史敘事，這種歷史敘事在中國史上屢見不鮮，一般形式就是臨時和過渡性的南北朝時代，雙方爭的只是中央政府的"正統"地位，最後一定是歸於統一。如果按照這種敘事，歷史的天平毫無疑問將向著政治、軍事、經濟等取得壓倒性優勢的大陸傾斜，敗退並割據臺灣苟延殘喘的"中華民國"政權，如同當年的南明一樣，被北面的正統中央政權所統一，只是遲早的問題。

但是這種敘事，在 2000 年中國國民黨丟失執政權之後加入了新的變數：鼓吹"台獨"的民進黨，在臺灣地區上臺執政了。

任何人的台獨主張都不可能獲取中國大陸當局的容忍，也不可能獲得美國的支持。中國大陸當局如果丟失或者喪失對臺灣的主權 後果是任何當權者無法承受的，大清皇朝的滅亡就是擺在面前的不遠之鑒。所以任何一個中國大陸的中央政府當局，無論是不是中國共產黨執政，都不可能允許臺灣獨立出去，否則其本身的合法性就蕩然無存，唯一的選項，只能選擇戰爭。所以，民進黨當局上臺的第一天，就是發表"四不一沒有"：不宣佈獨立、不更改"國號"、不推動"兩國論"入"憲"、不推動改變現狀的統獨公投；"一沒有"是指沒有廢除國統綱領與國統會的問題。"四不一沒有"正式宣告新的臺灣當局官方繼承和確認"一中各表"的兩岸原則。坦率地說，當時的民進黨當局處理兩岸問題和統獨議題上，是敏銳而務實的。

但必須指出的是：這個"務實"，同時也是相對於"台獨"而言的務實。台海兩岸關係在民進黨第一次執政（2000-2008）期間，官方友善交流越來越少，敵對氣氛不斷增強。

　　國民黨重返執政（2008-2016）期間，兩岸關係一度迎來小陽春，但隨著國民黨的再次下臺和民進黨的二次上臺而急轉直下，終於在三大內外因素的引發下迅速尖銳化。

　　第一個引發因素屬於中國內部因素，在 2019 年香港發生"反修例風波"。事前各方也意想不到一場平平無奇的香港特區政府《逃犯條例》修訂工作，在激進民主派的激烈反對和鼓動下，會演變成街頭示威和反政府暴動的滔天巨浪，要價和籌碼也逐漸升級，直至局勢失控。

　　即使在中國大陸當局的中央政府出手後，香港的局勢逐漸平息，但"中央政府出手干預"這件事本身對於一直懷疑和攻擊"一國兩制"的陣營來說，無疑提供了一個現實和具象的靶子。從事實上來看，民進黨當局也沒有放過這個機會，宣稱"一國兩制即一國一制"，因此"絕不接受一國兩制"。

　　第二個引發因素屬於外部因素，是 2022 年 2 月發生的"俄烏軍事衝突"，或者說"俄羅斯入侵烏克蘭戰爭"，無論怎麼稱呼，事實上就是俄羅斯軍隊在沒有宣戰下，突然大規模直接突襲和攻擊烏克蘭首都基輔，並在隨後吞併烏克蘭東部領土的歐洲地緣政治事件。

　　俄烏戰爭激發了世界各方的巨大反應，深刻改變了整個世界的地緣政治版圖。俄羅斯受到前所未有的、整

13

個西方世界的厭棄和恐懼。中國大陸當局的夙敵們顯然也沒有放過這個機會，把西方世界對俄羅斯"野蠻強權"的恐懼，儘量轉移、渲染和泛化為對中共軍方"可能"主動軍事攻擊臺灣的恐懼。

第三個引發因素屬於外部因素，對台海兩岸關係的影響緩慢得多，但更深刻得多，這就是中美關係的演變。中美在 1970 年代之後進入蜜月期，1990 年代之後則演變為長期穩定的經濟夥伴關係，直至一個分水嶺的出現：2012 年美國政府宣佈""亞洲戰略再平衡"戰略，它更有名的稱呼叫"重返亞太"。其實美國一直在亞太，從未離去，所謂的"重返"，其實是歷史性地把美國的全球重心從歐洲和中東轉移到遠東，針對的目標就是某東方大國。

在中美交惡的大背景下，民進黨當局顯然也沒有錯過這個機會，它把台海兩岸對於同一個中國下"正統之爭"的歷史敘事，刻意轉換成"民主之爭"的意識形態敘事，從而贏得美國和歐洲國家不少政客的支持與回應，甚至親身登島聲援，直至 2022 年 8 月"佩羅西訪台事件"，然後中國大陸軍方強硬回應，兩岸危機終於被激化到達頂峰，臺灣海峽兩岸再次戰雲密佈，戰爭大有一觸即發之勢。

2. 大陸政治生態現狀簡介

為了更好理解一個地區社會的政治生態，有必要先建立兩個分析框架以方便觀察。

第一個框架是"政治力量及其基本盤"問題，也就是說，一個地區社會有哪些可以影響統治的政治力量？以及這些政治力量背後的支持者是誰、他們的力量又有多大？在一個現代社會的政治生態中，在臺面上進行異彩紛呈的各種互動的政治力量，在臺面之下，都有各自的民意基本盤，民意的變動則即時影響著臺面上的互動。

第二個框架是"任何一個政治力量必須在威望、利益、敘事這三個方面同時具備優勢，才能長久地得到基本盤的支援，並進行統治"。即使在一個暴力團體的內部，其領導者也必須努力在其團體內部建立這三方面的優勢，以取得內部成員的支持。

對於大陸來說 最大的政治力量無疑是中國共產黨，臺面上其他政治力量則相對很小——如果不是忽略不計的話。而中國共產黨在中國大陸地區的民意支援是真實而廣泛的，任何出於對中國國共產黨的個人厭惡情緒而刻意忽視或否定這一點的人，比如章家敦先生，最後會發現自己的預測錯得離譜。

中國共產黨在大陸能夠擁有強大的政治力量以及真實的民意支持，有三個根本原因。

第一個原因是中國大陸在毛澤東時代贏得了民族獨立，民族尊嚴得到相當高的恢復，中共由此建立了巨大威望；

　　第二個原因是改革開放之後，中國大陸取得無可爭辯的、堪稱奇跡的經濟成就，中國大陸民眾生活水準也廣泛得到提高；

　　第三個原因是中國共產黨獨有的、非常成功的政黨敘事和國家敘事。

　　中國共產黨本質上是有著強烈的普世意識形態色彩的社會主義政黨，在中共歷代領導人的重要著作和文集的扉頁，無一例外都印著一句全世界無產者聯合起來！；中國共產黨的黨旗，是整個西方資本主義世界的百年死敵：錘子鐮刀標誌；直至今天，每次中國共產黨全國代表大會及地方各級代表大會閉幕時 都會演奏《國際歌》。

　　但是中國共產黨同時也是已高度中國本土化的、具有強烈民族主義特質的、現實主義的"內向型"政黨，自鄧小平上臺進行改革開放之後，中國停止對外輸出意識形態革命，即使在蘇聯解體之後，儘管已經成為世界上最大社會主義國家，而且國勢日盛，正在強勢崛起，但中國竟無意拾起蘇俄帝國落在地上的皇冠，去做世界社會主義運動的盟主。鄧小平"決不當頭"的告誡，依然震耳發聵。

　　所以當中華人民共和國發展成為世界最大工業國，

並在經濟上幾乎和整個西方資本主義世界融為一體時，越來越多的西方政客看到了這件事情本身的"諷刺"之處：一個共產黨國家成為了整個資本主義世界的工業基地，世界工業供應鏈權力轉移到中國手上已成現實。

覺得"諷刺"甚至感到冒犯的政治家們，顯然不知道這種單純以意識形態劃分國家陣營的做法，很不符合中國共產黨的世界觀，更不符合毛澤東親自對地球（毛曾稱之為"小小寰球"）進行的"三個世界"劃分。中國共產黨雖然是一個社會主義意識形態黨，但在世界觀上是世俗的、現實主義的，更是民族主義的。

在中國共產黨的自身敘事之中，就連黨本身選擇共產主義意識形態，目的就是為了民族自身"救亡圖存"，尋求民族的獨立、生存和尊嚴。敘事核心是民族主義的，敘事色調則是悲情主義的，突出強調的是民族百年國恥"，細細控訴這個民族百年來經歷的苦難和屈辱，敘事主題是為了民族生存而英勇鬥爭。甚至中華人民共和國的國歌，本身就是一首抗日戰歌，吶喊中華民族到了最危險的時候，號召民眾用血肉築起新的長城，冒著炮火，懷著萬眾一心而無畏前進。

沒有比這更民族主義的國家敘事了。

在這種國家敘事下，中國共產黨在中國大陸民意中，建起最為廣泛和有力的民族主義的基本盤。這和中國共產黨長達百年的對政黨以及國家的敘事有關。否則很難解釋，為何這個党長達百年來經歷無數風波衝擊，哪怕一次又一次承認自己出錯，卻一次又一次得到中國民眾繼續支持，沒有堅實的民族主義民意支持作基礎，這個政黨早就和蘇聯和東歐各國共產黨一樣消失在歷史的長河了。

在國勢日盛而中美交惡的大時代背景中，美國對中國從政治、經濟、技術上進行的全面打壓，反而會在中國大陸各階層民眾中激起同仇敵愾的悲情，讓中國大陸地區的人民更團結在中國共產黨的旗下。在這種政治生態現狀下，臺灣當局越是打"美國牌"、越是聲稱要依靠美國來抗拒統一，中國大陸整體民意支持武力統一的呼聲就會越高。

3. 臺灣政治生態現狀簡介

相對大陸簡單明瞭的"定於一尊"，臺灣的政治生態現狀則複雜得多。

民主政治表面上是對政治權力的"分贓模式"，但更底層邏輯，是"思想市場化"，如同企業家對自家產品進行市場定位，以佔領目標市場的客戶心智，從而佔領該部分市場份額，民主政治家也要先找到自己政治主張的市場定位，再向目標客戶賣力推銷。大多數民主政治家的失敗，就在於其政治主張在廣大選民群體中沒有市場"，也就是找不到多少支持者。

這也意味著，聰明的市場參與者可以"無中生有"地創造"市場定位"，根據市場需求提供"按需定制"的政見作為政治產品，主動迎合和滿足一部分選民的口味需求。市場本身存在的一個好處是：商品不需要贏得所有人的喜歡，只要一小部分人喜歡和購買就足夠了。因此，所有的民主政治最後都無可避免地必然導致兩件事的發生：一是政治家必然因應"市場定位"策略而對選民進行"標籤化"的無限細分策略和族群撕裂；二是政治家為了最大化地吸引關注"流量"而傾向將政見極端化，因為中庸的觀點和政見非常難以吸引大眾眼球，只有那些最激進的言論，才能瞬間抓取大眾和媒體的注意力。

讓我們先通過第一個分析框架，看看臺灣"政治力量及其基本盤"的問題。

　　自從 1987 年 7 月 14 日蔣經國宣佈解除"戒嚴"，開放黨禁，臺灣的"民主政治"也進入一個全面加速和嬗變的時代。各種政治力量紛紛登臺，拼命拉攏民意以獲取選票，台下其各自的支持力量和反對力量無時無刻不在角力較量、明爭暗鬥，表面上龐雜紛亂，但根據臺灣政治的最大主題"統獨問題"作為尺規，其政治光譜可以比較清晰地劃分為傾向統一的"泛藍"陣營和傾向台獨的"泛綠"陣營。

　　"泛藍"陣營政治力量包括中國國民黨、新黨、親民黨等，"泛藍"主力是中國國民黨；"泛綠"陣營政治力量的主力是民主進步黨（也簡稱"民進黨"）。除此之外，還有一些政治光譜在藍綠之間的曖昧不明的政治力量，如臺灣民眾黨等。

一．中國國民黨

　　目前，臺灣當局所用的國號"中華民國"，其創建者並不是現任（本文作時 2023 年）的執政黨，而是來自最大的在野黨"中國國民黨"。

　　我們再用第二個分析框架，觀察一下中國國民黨的政治力量和基本盤，看看中國國民黨在威望、利益、和敘事這三個方面，吸引了什麼樣的支持者。

　　第一個是威望方面，中國國民黨的創始人，是中國大陸同樣推崇的"偉大的革命先行者"孫中山先生，其偉大歷史功績是推翻滿清帝制，建立中華民國。這個政治圖騰是國民黨至今通行臺灣海峽兩岸的"硬通貨"，也是國民黨最寶貴的政治家底和歷史財富。

　　而第二代領導人蔣介石的歷史評價則複雜很多，他在中國大陸屬於偏負面的歷史人物，在臺灣地區也可以說是毀譽參半。歷史上，蔣介石以孫中山政治繼承人的身份成功領導北伐而統一中國大陸，並聯同西方盟國共同擊敗日本，並從日本人口中奪回臺灣，更令中國成為世界最具權勢的"五大國"之一，這都是無法詆毀的歷史功績，但中華民國大陸的政權，就在他手上丟失，而蔣介石父子鐵腕統治臺灣地區 43 年（1945 年至 1988 年）期間，造成的政治冤案很多，在知識份子階層中民望大跌。蔣經國之後的國民黨當局更是黑金橫行，繼任領導人李登輝縱容台獨，甚至其本身成為臺灣最大的台獨分子 這對國民黨本已殘存無多的威望無疑是巨大的打擊。

第二個是利益方面，中國國民黨主政和經營臺灣長達半個世紀，正是在其主政期間，臺灣經濟迎來騰飛。但和大陸的"無限責任"政治體制不一樣，資本主義社會的人民很難將市場蕭條或經濟下行而歸咎于行政當局，也極少因為經濟興隆而感謝當地行政當局。

在"一人一票"的選票政治規則下，選民更關心和傾向支援那些承諾直接帶來切身利益如收入、就業和福利等對社區發展有利的政治家。由於和中國大陸在經濟上融合發展會帶來很多經濟上的實質好處，比如可以向大陸市場銷售更多的農產品和工業產品等，因支援"一個中國"而受中國共產黨禮遇的國民黨如果上臺執政，對臺灣經濟發展無疑是一個加分和利好，因此中國國民黨的支持者會更多地關注經濟議題。

第三個是敘事方面，中國國民黨的敘事主題，從孫中山先生創立中國國民黨之後，一直到兩蔣時期，中國國民黨都是以中國大陸為敘事主體。敗退臺灣之後，無論是"反攻大陸"，還是"三民主義統一中國"，政黨敘事仍然緊緊圍繞中國大陸進行。但在 1987 年國民黨當局宣佈開放黨禁之後，馬上就迎來政治對手挑動"外省人"和"本省人"政治對立、並以"本土化"名義奪走大量"本省人"票源的政治衝擊。在第一次丟失執政地位之前，為契合臺灣地方選舉政治的需要，應對競選對手的挑戰，國民黨的政黨敘事主體就已經發生巨大的變化，國民黨的敘事主體逐漸由中國大陸轉為臺灣本島。

1998 年臺灣舉行臺北市長選舉時，發生一幕意味深長的政治話劇。當時國民黨人馬英九正在和民進党人陳水扁競爭臺北市長的位置，選舉結果揭曉前一天，身為國民黨主席和臺灣地區領導人的李登輝突然現身，和馬英九站到一起，並且當眾用閩南話問馬英九："馬英九先生啊！你是哪里人啊！你跟我說一下吧！"

馬英九則用閩南話回答："報告總統，我是吃臺灣米、喝臺灣水、新臺灣人啦！"在聽完馬英九的回答後，李登輝宣佈自己支持馬英九競選臺北市長。

這顯然不是一個簡單的詢問來歷問題，而是涉及到"政治立場"的問題。

國民黨的中華百年老字型大小金漆招牌，既是一種歷史財富，也是一種歷史包袱，作為來自中國大陸的百年老黨，和臺灣本地土生土長的年輕政黨去比拼"本土化"政治敘事，顯然有些力不從心。而在"本土化"敘事上做得最成功的政治力量，就是現任執政的民主進步黨。

二. 民主進步黨

為了更仔細觀察民進黨及其基本盤，我們可以繼續依據威望、利益、敍事這三個方面對民進黨的支持力量進行分析。

首先，民進黨的政治人物在上臺之前，其實在臺灣民間具有相當高的知名度和好感度，可以說具有相當高的"政治聲望"——如果夠不上被稱為"政治威望"的話。民進黨的創始團隊在臺灣一開始是以反對國民黨一黨專政的"本土民主鬥士"形象而出場，當時的國民黨執政當局對民進黨政治人物的一系列抓捕和高調打壓，反而為民進黨在民間贏得了很多人的同情和聲援，比如因"美麗島事件"而在政壇迅速崛起的陳水扁，就成功打造了一個因反抗暴政而慘被專制迫害的"悲情鬥士"人設，最後也正是這些支持力量把陳水扁送上了"總統"的寶座。

在為選民帶來切身經濟利益方面，和競爭對手相比，民進黨並不具備實力優勢。

但民主政治的選票規則有一大妙處：一個政治家要贏得選票，其實不需要證明自己能夠做得多好，而只需要證明對手有多爛就可以了。

只要對手推出任何向中國大陸市場拓展的經濟和貿易計畫，只需攻擊這些計畫的動機和居心不良"出賣臺灣"就可以了。把"賣台投共"的標籤貼在政治對手身上，是非常有效的競選策略。

　　成立初期的民進黨熱衷於街頭運動，甚至一度在島內被冠以"暴力黨"的稱號，開放黨禁之後，民進黨才開始強調"體制內鬥爭"的重要性，積極投入臺灣各項公職選舉。在鼓動民眾抗議、進行街頭抗爭方面，民主進步黨在臺灣所有政治力量中是最有經驗，最有技巧，成果上也是最成功的。

　　在政黨敘事方面，民進黨的敘事主題是主打"本土化"身份認同和'民主'意識形態，從而贏得'本土意識'濃厚的、臺灣土生的小農和小商人群體，以及推崇自由主義意識形態的高等院校知識份子的支持。

　　進一步探究民主進步黨的"台獨"主張，其最初推出的時代背景，是在國民黨執政當局開放黨禁之前。民進黨鼓吹"臺灣獨立"的理由是"住民自決"，攻擊中國國民黨獨裁執政下的"中華民國"是"外來政權"，顯然在法理上站不住腳：因為根據國際法則，"住民自決"原則的適用前提是殖民帝國要尊重其殖民地原住民的獨立要求，顯然這些居住在臺灣的中國人在國際上並不可能被看成是被殖民者，正被另一批中國人進行殖民統治。

　　而且隨著民進黨贏取"中華民國"執政黨的地位，在法理上接納"中國的國家主權同時包含對中國大陸地區和臺灣地區"的領土主張，因此，以是否"本省外省"為標籤而區分"我們"和"他們"的"本土敘事"無疑已經過時。

但民進党還有一張王牌：“民主”意識形態敘事。

而這次被貼標籤的政敵，不是中國國民黨，而是“中國共產黨”。

公平地說，台海兩岸的分裂現狀並不是民進黨造成的，民進党作為臺灣地方政黨，其政治 DNA 中並沒有對中國大陸事務的興趣，也沒有和中國共產黨爭奪中國國家主權的歷史和敘事，民進黨對中國大陸當局的敵視，完全是“民主自由”和“共產專政”之間意識形態的敵對，以及中共大陸軍事攻台從而毀滅臺灣原有“民主政體”的恐懼。

事實上，如果對中國歷史和中國共產黨有基本瞭解，就會知道：在公開宣佈“一國兩制”作為兩岸統一的基本國策，並承認九二共識和“一中各表”之後，中國共產黨主動軍事攻擊臺灣的前提條件，並不是有沒有實力的問題，而是有沒有合理藉口的問題。假如某一天民進黨出於本能的恐懼，為了提升安全感而主動引入外國的一些政治或者軍事勢力介入臺灣事務，觸發事態螺旋升級，結果可能會更不安全。

在現實政治生活中，最危險的往往不是危險本身，而是因為對危險的恐懼而採取的反應結果反而加劇了危險。“我們唯一感到恐懼的就是恐懼本身”，歷史已經證明這是經得起時間考驗的、對危機的睿智判斷。

三 . 其他政治力量及變數

如果我們繼續以"威望、利益、敘事"分析框架，繼續觀察臺灣地區的其他政治力量及基本盤，就會發現，臺灣大多數政治資源幾乎被光譜兩端的國民黨和民進黨壟斷和瓜分殆盡。

影響現存格局的唯一變數，就看是否有政治力量能在短期內積聚起巨大聲望，同時建立對宏大敘事的操控，強行切去民意支持的一塊蛋糕。

2016 年美國政壇有一個"意外變數"橫空出世，一個毫無從政經驗的億萬富豪，竟然競選成功，成為美國第 45 任總統。特朗普的意外崛起，令無數政治觀察家大跌眼鏡。

2024 年臺灣地區領導人選舉中，會不會有新的政治力量或者新人崛起，甚至成為"臺灣的特朗普"？這個問題引起兩岸很多政治觀察家的興趣。企業家郭台銘先生和前臺北市長柯文哲醫生，也成為這次選舉的焦點之一。

但是特朗普並不是作為獨立候選人參選，而是作為共和黨候選人而贏得總統選舉，他擁有整個美國共和黨全部政治資源的全力支持。而且特朗普"讓美國再次偉大"的政治敘事非常成功，他的保守主義和孤立主義政策主張非常符合美國本土勞工的利益，獲得了美國廣大底層

"沉默的大多數"人民的共鳴和支持；他的個人魅力也迅速讓他在廣泛的底層支持者中贏得了真正的政治聲望。

　　郭台銘如果作為獨立候選人參選 2024 年臺灣地區領導人，要克服的困難則多的多。

　　假設郭台銘和柯文哲的臺灣民眾党聯合參選呢，贏面會大一點？是的，贏面會稍大一些，但是這對組合在"威望、利益、敘事"三個方面，有哪個方面可以短期內擁有超出對手的優勢？如果回答不了這個問題，就難以切走最大的一塊政治蛋糕。

4. 預測：台海兩岸關係的走向

不能預測的理論沒有任何科學價值，但是政治本身就不是一門科學，因此大多數的政治理論都拒絕預測未來。然而政治作為一門關於"可能性"的藝術，政治觀察家們還是可以依據不同約束條件下的可能性，去嘗試預測未來事態的走向。

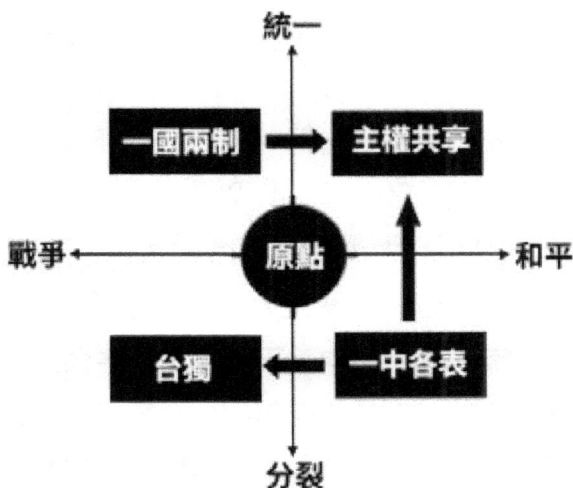

台海兩岸關係的 "政治象限" （示意圖）

如果以和平與戰爭"統一和分裂為座標作四個象限，以目前"不戰不和、未統未分"現狀作為原點，就可以把各種"統獨政見"放進這四個"政治象限"中，台海兩岸關係的走向也就有一個比較全面而明晰的大概圖景。

29

一．暫時的和平

根據中國歷史的傳統敘事，中華人民共和國取代中華民國成為中國大陸的唯一合法政權，是一次典型的"改朝換代"，國共內戰是一場典型的、全國性的"革命"戰爭，既然是全國性戰爭，內戰範圍自然也包括作為當時中華民國一個省份的"臺灣省"在內。既然是改朝換代的革命，按照傳統歷史邏輯，歷朝歷代的中央王朝，對於前朝殘餘政權，唯一選擇只能是徹底消滅，也就是"把革命進行到底"。

而臺灣當局也不甘示弱，在 1980 年蔣經國提出"三民主義統一中國"取代"反共複國"的"國策"之前，臺灣軍方為在軍事上"反攻大陸"的備戰待戰狀態一直沒有停止。

中國大陸軍方宣佈停止"軍事行動"的正式命令文本，來自 1979 年 1 月 1 日中美正式建交時中國大陸軍方福建前線部隊奉國防部長徐向前的命令，自即日起停止了對大金門、小金門、大擔、二擔等島嶼的炮擊行動。

也就是說 這僅僅是中國大陸軍方的某支前線部隊，單方面宣佈奉命"停止炮擊"——僅此而已。

台海兩岸一直沒有簽署任何正式的停戰協議，不但沒有任何書面協議，連口頭的都沒有。

至於"為什麼沒有"，一個解釋是雙方都指責對方缺乏談判誠意，談判本身能否預設前提，前提條件是什麼，都是令人頭疼的棘手問題。比如，"對等談判"一詞，雙方就有不同定義，何為"對等"？"對等"這個詞本身往往隱含了對方一些權利進行提前默認和確認。

另一個解釋是雙方當局的政治重心和政治議程出現巨大轉向。中國大陸在 1979 年改革開放後，整個重心轉向了經濟建設。臺灣的政治重心則圍繞"民主化進程"而日益轉向臺灣本島的地方選舉政治。

但和平是暫時的。

大陸提出"一國兩制統一中國"，臺灣提出"三民主義統一中國"，明確了兩岸最大公約數就是"統一中國"，既然作為政權當局的任何官方形式都無法展開"對等談判"，那官方就先不要談了，雙方先以"非官方"的形式展開接觸與談判。

於是作為非官方組織的海基會和海協會在 1992 年展開會談，最後達成的共識就是："海峽兩岸均堅持一個中國原則"。表達"共識"的同時，也明確了雙方的"分歧"：對於一個中國的政治含義，臺灣海基會表示"認知各有不同"，海協會表示"在事務性商談中不涉及"。

分歧的核心，就是"國家主權"問題：兩岸政權到底誰才是中國國家主權的唯一代表？

而主權問題是無法通過辯論比賽解決的。

中國大陸認同"九二共識"，願意暫時接受臺灣方面進行"一中各表"，動機並不是為了讓一個前朝的殘餘政

31

權割據一個省份並永久保持下去，而是為了向兩岸國民乃至全世界再次確認中國對臺灣的主權聲索：無論是"中華民國"，還是"中華人民共和國"，這個世界上任何"一個中國"中央政府，對中國臺灣這個省份都擁有無可爭議的國家主權。

一旦"一中各表"這種刻意模糊處理主權問題的短期制度安排出現"長期化"的傾向，甚至嬗化為"一中兩國"，被利用成"反對一國兩制"的利器以及對抗國家主權統一的擋箭牌，中國大陸就會毫不猶豫地放棄對其支援。

習近平執政後直率地指出：兩岸長期存在的事實分裂狀態，不能再一代一代傳下去。中國大陸的耐心，顯然已經逐漸接近極限。

等待的，只是點燃大火的小火星，臺灣方面主動破壞雙方契約的小火星。

戰爭，再次被提上兩岸議程。

二．短期的戰爭

如果中國大陸軍方閃擊臺灣，很多人會預測這場戰爭不會很長。

這要看如何定義"長"。

有時候，幾個月時間對於一些人來說是短期，但是對於另一些人來說，則相當漫長。

2022年2月俄羅斯國家武裝部隊突然進攻烏克蘭首都基輔，一開始，幾乎所有的政治觀察家都判斷這場戰爭不會很長：既然北約軍隊不可能親自下場，單憑烏克蘭武裝力量是無法抗衡世界排行第一的前軍事超級大國俄羅斯的。但現實是，俄烏戰爭至今已經持續16個月，不但沒有任何終結的跡象，反而還在不斷擴大。

從大陸的政治和歷史敘事上，對台軍事進攻只是中國內戰的延續。從軍事角度看，"中國人民解放軍"不是俄羅斯聯邦武裝力量，"中華民國國軍"也不是烏克蘭武裝力量，但俄烏戰爭的案例還是對台海兩軍雙方都有重大參考意義：台海戰爭不可能是烏克蘭戰爭的簡單複製。根據軍事常識，中國大陸軍方也不可能把軍事計畫建立在"美國軍隊絕對不介入"的假設之上，而必然是"美國軍隊介入之後如何應對"的基礎上。

這決定了軍事行動一旦展開，進攻強度和戰火烈度以及殘酷性，將遠超很多人的想像。

這也決定了這場戰爭大概率只能是"短期的戰爭"。

但也不能徹底排除另一種可能：長期的戰爭。

三. 長期的戰爭

如果美軍介入台海戰爭的深度、廣度和規模遠超中共預期，甚至擴大到台海以外，挾裹台海周邊的一系列亞洲盟國一起捲入戰爭，那麼局面就複雜得多，性質上成為中美的對決，這場戰爭就會成為長期的戰爭。

一旦中美兩國這個級別的地球大國進行軍事對決，根據中國大陸的政治、軍事和經濟實力，中國容忍戰火在台海兩岸燃燒的同時而美國本土一片安寧的可能性幾乎為零。這也意味著美國本土也會成為一個被炮火或導彈攻擊的地方，美國作為"全球資金終極避險地"的地位不保，而且這是個不可逆的、一旦跨出就無法後退的螺旋通道：雙方看似愚蠢的、但對政權本身來說卻唯一明智的選擇，只能是不斷升級毀滅對方的烈度和規模——直至有一方徹底被消滅、或撐不住而投降為止。勝敗的雙方都必須付出巨大的政治、經濟和軍事代價。

對美國來說，長期戰爭需要回答的第一個問題是：地球上兩個超級大國互相毀滅的理由是什麼？為了"保衛臺灣的民主"？那為什麼美軍大兵不能保衛烏克蘭的民主？難道臺灣的中國人是人，基輔的烏克蘭人就不是人了嗎？如果是為了消滅邪惡的共產分子就可以發動戰爭 那美軍為什麼不早點進攻中國 反而要和中國建交？或者為什麼不早點進攻之前比中國更大的共產國家蘇聯？既然因為意識形態不一樣就可以宣佈對方為敵人，那全世界穆斯林也是美國的敵人嗎？顯然，以意識形態對立理由而親自捲入他國內戰，政治上是荒謬的。

根據目前世界各國包括美國國內的政治家和民眾的思維慣性，美國在正面戰場上被徹底擊敗，是不可想像的，是一個"不可能事件"。

但是，萬一，哪怕存在很小的可能性，如果美國輸了呢？

這是長期戰爭的第二個問題，這個問題下面又涉及一系列子問題：一個在大國戰爭中被打敗的國家，它的紙幣還能作為世界儲備貨幣嗎？一個本土能被敵國炮火和導彈攻擊的國家，還能成為全球資本的終極避險地嗎？一個向敵人投降的國家還能被世界各地的人們作為"山巔之城"而仰慕和嚮往嗎？

長期戰爭的第三個問題是：中國共產黨軍隊能忍耐多大的打擊才撐不住而投降？

不幸的是，如果我們回顧中國共產黨軍隊的歷史和記錄，我們會發現這是一支不尋常的軍隊，他們在作戰中損失了九成以上的主力，撤退時不惜步行數千公里，甚至寧願爬雪山、吃樹皮，也不會投降。

這意味著，"長期的戰爭"將是一場空前絕後的殘酷戰爭。戰爭最後，所謂"勝利者"的家園也必然千瘡百孔，一片廢墟。這也意味著：長久的和平，最符合臺灣海峽

36

兩岸利益，也最符合美國利益。

四 . 長久的和平

　　中共"一國兩制"提議已經被臺灣所有主流的政治力量明確拒絕；而"一中各表"作為台海兩岸之間短期妥協的權宜之計，既因其國家主權內涵之中包含有對中共的否定而被中共日漸戒惕，又被臺灣綠營力量以"非現實"為由而徹底否認。被兩面夾擊之下，也逐漸走入死胡同。"一中各表"最後歸屬只有兩條路可以選擇：不是走向"一個中國，主權共享"，就是走向"台獨"。

　　正如佛蘭克林·羅斯福說過的那樣：永恆的真理如果不在新的社會形勢下賦予新的意義，就既不是真理，也不是永恆的了。

　　"一中各表"理論的現存價值在於，它依然是兩岸和平的最大公約數。儘管有效時間已經越來越短促，但是只要在原有基礎上進一步理論創新，賦予其新的內涵，為國家主權這個核心問題提出新的、照顧各方核心訴求的解決方案，兩岸的永久和平並非沒有機會。

　　也就是說，新的"一中"理論必須首先弄清楚：對兩岸三方政治力量來說，哪些訴求是不可能妥協的"核心訴求"，而哪些不是？然後在同時兼顧中共、藍營、綠營三方核心訴求的同時，也說服這些力量放棄非核心的一些利益和訴求，然後共鑄一個新的、完整和統一的國家主權，兩岸人民共享。這就是"一個中國，主權共享"

理論。

比如，中共"一國兩制"外殼之下的內核訴求，是國家主權和領土的完整、同時承認中共對中國國家主權的主導地位。這就是中共的核心訴求。而國號、甚至對臺灣地區軍隊的指揮權、對臺灣日常政治的參與權、國家元首職位，則屬於"非核心"訴求。

臺灣藍營的核心訴求，是在經過多年的本土化迭代之後，既要保留中國國民黨在兩岸的崇高聲望和歷史地位，又要保留臺灣地區的原有民主選舉制度不受中共干預，並在臺灣選舉政治中獲取最大限度的選票資源，是典型的"兩岸通吃"型，訴求最多，心態也最複雜。至於國號、軍隊控制權等，則屬於"非核心"訴求。

臺灣綠營的核心訴求，是要保留臺灣地區的原有民主選舉制度，保護其選票政治利益，而且保證臺灣地區的選舉政治制度本身不受中共干預，因此會要求這種制度得到一定的武力保證。這是民進黨和國民黨的不同之處，國民黨本身對掌控軍隊沒有執念，但是在面臨大陸對臺灣軍隊指揮權的控制問題上，藍綠兩營會合流，一致爭取地方軍隊的指揮權。這個時候，臺灣軍隊指揮權問題就會成為綠營的"核心訴求"。 至於國號、大陸地區政治參與權等，則屬於綠營的"非核心"訴求。

因此，新"一中理論"的突破口，就是"國號"問題。

第二部分

台海兩岸主權共享理論

1. "國號"的問題

要尋求三方都能接受的國號，首先應該考慮的問題，不是各方"最喜歡"什麼，而是"最不排斥"什麼。

一般來說，國號是一種建國者們在政治上的"自我標識"，宣示主權國家的立國理念 "中華民國"的立國理念，對標的是推翻滿清帝制的民族和共和革命，革命的目的就是"恢復中華"和"建立民國"，所以國號"中華民國"。而"中華人民共和國"的立國理念，對標的是推翻國民黨"反動派"獨裁統治的"新民主主義"革命，所以強調"人民"和"共和"這兩個關鍵字。

環視世界各國，國號的變動基本上都遵從這一政治規律。比如中國人民熟悉的、歷史上給中國人民帶來深重苦難的"大日本帝國"，英文名稱 Empire of Japan。歷史上日本的正式國號長期是"日本國"、或"日本"，1889 年後則根據《大日本帝國憲法》，國號改為"大日本帝國"，強調的關鍵字是"大"和"帝國"這兩個立國理念，直至 1945 年被同盟國軍事佔領後，"大日本帝國"國號被廢止，其正式國號又被恢復為簡單的"日本國"。

在國際交往上，或者民間交流中，世界各國的人們很少考慮或稱呼某個外國的正式國號，而是直接稱呼代表其地理和民族性質的國名。比如日本人把國號從"日本國"改為"大日本帝國"後，世界各國之間無論是官員還是民眾，對日本的認知和稱呼依然是最簡單的"日本"，而不會主動為其加上"大"與"帝國"。世界上還有一些比日本更小的國家，也喜歡為自己的國號加上"大"，但顯然國際社會並不會因此而認真對待，並認為它有多大。

可見，國號更大的意義上是一種政治上的自我標榜"。

根據常識上的國際認知，世界各國對地理上包括台海兩岸在內的這個國家，認知就是"中國"，而無論其自稱"中華人民共和國"還是爭辯是"中華民國"，凡是來自這個地方的人，認知就是"中國人"。如果中國人為自己的國號加上"超級"、"大"、"民主主義"、"共和"、"人民"、"社會主義"、"聯合"、"聯邦"……等定語，世界各國對"中國"和"中國人"的認知會有什麼不一樣？答案是：並沒有不一樣。

中國就是"中國"，中國人就是"中國人"。

"國號"的問題如果放在完整的國家主權的角度上觀察：不以任何意識形態和政治信仰對國家主權的稱號進行標籤化標識、意識形態劃分，而回歸最簡樸的地理和民族稱呼，才是經得起歷史考驗的、最恒久的做法。

如果要考慮：台海兩岸當局和民眾"最不排斥"自己的國號是什麼？

唯一的答案，只有兩個字：中國。

"中國"作為兩岸唯一的、共同的國號，本身就宣示著台海兩岸在國家主權、領土、民族、文化上的"完整、統一和不可割裂"。

　　不加任何政治定語，國號的全稱和簡稱相同。這種做法有國際上的先例嗎？會在國內外造成不良影響嗎？事實上我們還可以再看看日本的例子，顯然日本並沒有因為它的國號簡單而被國際社會嘲笑它不夠威風。至於在日本國內，對於一個日本人來說，如果日本國號不再稱為"日本"，才是一個大問題。

　　根據中國封建王朝的"大一統"歷史邏輯與敘事，舊國號的廢除並不總是意味著原來國家的滅亡，也可以解釋成：在新形勢下，舊的國號裝不下它更偉大的新內涵了。這種解釋，一般是發生在一個中央王朝經過吞併他國等形式，獲取到了新的領土或者新的屬地，擴張了中央王朝主權的內涵，比如由"王國"擴張為"帝國"；而那些被吞併的舊國或者屬地，則相應地失去對中央王朝的話語權，被"降格"到從屬或依附地位，成為"地方政府"。

　　如果依照這種舊邏輯，馬上會出現"誰吞併誰"、"誰從屬誰"的問題。

　　而根據"主權共享"新思維，台海兩地國號統一，共組中央一致對外，地方自治，主權共享，大陸和臺灣均從屬同一個中央之下，也就沒有了"誰吞併誰"的問題。如果新國號的主權內涵比原來的舊國號更大，更廣，更受到國內社會和國際社會的認同，沒有任何理由反對更換國號，正如明治時代的日本不會有多少人反對把"日本國"更改為"日本帝國"。根據"中國"本身的歷史含義，"中國"就是世界的中央之國。

但是 一個新的問題又隨即出現：中央誰來做老大？如果把兩岸統一比喻成公司合併案，公司合併、資源分享，不搞"惡意收購"，聽起來不錯，但是，請問誰來做這個新集團公司的大股東？

國家主權的內涵和覆蓋面非常廣，牽涉對國體和政體的定義，軍隊的處置，治理架構和治理權力的界定與分配，以及國歌、國徽、國旗、首都、國家元首等國家象徵問題的處理 任何一個議題都有可能成為爭議焦點，絕對不僅僅是一個簡單的國號問題。

可見，國號只是兩岸和平統一的突破口，打破表層的薄殼之後，裏面還有一個更深層次、更核心的複雜問題亟需解決，只有徹底解決好這個問題，兩岸才有可能進一步對國家"主權共享"達成共識。

這個核心問題，就是"國體問題"，也就是：到底"中央誰來做老大"的問題。

2. 國體的問題

"國體，它只是指的一個問題，就是社會各階級在國家中的地位。資產階級總是隱瞞這種階級地位，而用'國民'的名詞達到其一階級專政的實際"這段話的通俗涵義，也就是"誰在中央占主導地位"，用更通俗化的話來說，就是："中央誰來做老大"？

中共本身不是中央，但是爭取中央的主導權，做中央裏的"老大"，是中共的核心訴求。

那麼"中央"到底是一個什麼樣的機構？和人民群眾所熟悉的"公司董事會"是一樣的東西嗎？答案是：這要看是什麼樣的公司，看《公司章程》是如何界定公司董事會的權力，回頭和國家類比，就是要看《憲法》如何界定一國的最高權力機關。

在西方民主國家中，《憲法》規定了一國的最高權力機關分別由行政機關、司法機關、立法機關分別掌控，這就是"三權分立"原則。行政機關、立法機關分別由民意投票產生，但司法機構並不由民意投票產生，民意投票也無法干預或罷免司法官員。目前臺灣根據《中華民國憲法》，也採用"三權分立"形式。

但中國大陸並沒有採用"三權分立"的主權分立形式，而是根據《中華人民共和國憲法》直接把一國的最高權力機關集中在"全國人民代表大會"（簡稱"全國人大"）

手上，"全國人大"不僅是最高立法機關，國家行政機關和司法機關也由"全國人大"產生。中國大陸的"全國人大"目前代表席位的總數是 2977 名，"人大代表"根據憲法規定，按照《選舉法》規定，全部由選舉產生。

但是無論"三權分立制度"還是"人民代表大會制度"，都不是"國體"，而是"政體"問題，為什麼在討論"國體"問題的時候，必須要提及"政體"？因為"國體"和政體，是"內容"與"裝內容的筐"之間的關係。當我們把"內容"拿出來時，會發現它是被裝在一個筐子裏面拿出來的。

中國大陸的"全國人民代表大會"制度，本質上是一個"議會制度"，而且是一個"超級議會制度"。這是中國大革命時代"國民會議運動"的歷史敘事與延續：由全中國最廣泛的民意代表組成"國民會議"解決一切中國的政治問題。

"國民會議"運動在 20 世紀 20 年代到 30 年代，把包括中共、孫中山、汪精衛"擴大會議派"、蔣介石在內的中國政治力量深度捲入。從 1923 年國共合作時期國共兩黨共同倡議"國民會議"，到國民黨當局於 1931 年 5 月在南京舉行把中共完全徹底排斥在外的"國民會議"，並通過《訓政時期約法》，"國民會議運動"對中共來說無疑是巨大的政治挫折，但"國民會議"作為唯一合法的、決定一切中國政治問題的最高權力機關，這種"超級議會"敘事邏輯被中共延續和確定下來，並由此產生了後來的

"全國人民代表大會"。

　　只要中國共產黨在新的中國"全國人民代表大會"中掌握多數法定議席,令到"社會各階級在國家中的地位"以《憲法》形式得到確認,中共的核心訴求得以滿足,至於"董事會"裏剩餘董事席位在臺灣藍營和綠營之間如何分配,顯然不在中共的核心訴求範圍之內。

　　但是"全國人大代表"的席位總數量是多少,席位分配的原則是什麼?還有同為臺灣藍營和綠營雙方"核心訴求"的臺灣地方自治權力如何界定?以及這種自治"不受中共干預"在《憲法》層面如何得以體現與保障?這些都是需要進一步明確的、極度重要的政體問題。

3. 政體，首都和元首的問題

我們先看看世界上最大民主國家：美國的政體。

美國的國會選舉，以及總統選舉，事實上都實行按照州數或人口數量分配的原則。

美國的國會實行兩院制，由眾議院和參議院組成，兩院屬同一機構下的不同部門，也在同一個地方辦公。眾議院一共有 435 席，按照各州人口比例分配席位，但是各州即便人數不足也至少保有一個席位。眾議院在 435 席之外還有 6 個特殊席位，分屬波多黎各、美屬薩摩亞、關島、北馬利安納群島、美屬維爾京群島和哥倫比亞特區，這六個席位無投票權只有發言權。參議院一共 100 個席位，由 50 個州平均分配，每州兩席，與各州人口無關，各州參議員也是由各州自行選出，但不是由各州選民直選，而是由州議會選舉產生。

美國總統選舉實行"選舉人團制度"，總統由各州議會選出的選舉人團選舉產生，選舉人通常按本州總統選舉結果投票。美國各州擁有的選舉人票數目，同該州在國會的參、眾議員人數相等。人口多的州眾議員人數相應就多，同時在總統選舉時擁有的選舉人票也多。例如，美國人口最多的加利福尼亞州所擁有的選舉人票多達 55 張，而人口較少的阿拉斯加等州只有 3 張選舉人票。如果參照這種原則分配議席，臺灣作為人口數量不多的一個省份，在爭取中國國家最高權力機關的席位數量時並不具備優勢。

顯然，臺灣不會同意這個分配原則。因為國家最高權力機關法定議席總數量是 500 還是 600 並不重要，關鍵是席位分配的比例。

1945 年對日抗戰勝利後，中華民國政府將原東北三省根據滿洲國時期的行政區劃改劃分成東北九省，增設遼北、安東、合江、松江、嫩江、興安等 6 省及瀋陽、大連、哈爾濱等 3 個直轄市，光復臺灣省之後，全國一共 35 個省，而當時臺灣人口在 600 萬左右。因此，無論按照"中華人民共和國"的地圖，還是"中華民國"的地圖，臺灣作為中國三十多個省和直轄區的其中之一，人口數量不足全國的百分之二。這就是臺灣在國家地理和人口意義上的體量。

但是，臺灣地區如果在中國"全國人民代表大會"中能夠佔據為其人口比例體量的十倍、甚至十倍以上的議席數量，以致達到舉足輕重的程度，本身就說明了議席分配根本不是按照地理和人口意義上的原則進行的。臺灣不是一個普通的行政省。臺灣是代表著整個中國"資產階級"政治地位的省。

臺灣如以一省體量，佔有國家最高權力機關三分一的席位分配比例，政治資格就在這裏。

臺灣除了是一個"特別"的行政省，還必然會是一個高度自治的"自治省"：臺灣地方仍將完整保留地方原有的選票民主政治體系，臺灣地方的立法機關和行政機關，都由臺灣選民投票產生，值得注意的是，來自臺灣的某"總統"從此可以名正言順地在世界舞臺上風光登場，選舉獲勝的臺灣地區領導人起碼能夠自動獲任中國副總統"——考慮到共產黨人對歷史的熟悉程度，如果臺灣地區領導人不擔任中國元首正職，原因只可能是臺灣地區長官實在不願在管理地方事務的同時，再兼顧國家元首正位的繁重禮儀工作，而不可能是因為中共捨不得讓出虛位元首之位，畢竟，就連被很多歷史學家批評"心胸狹隘"的蔣介石也有禮讓林森擔任中華民國國家元首兼國民政府主席長達 12 年的先例，面對"和平統一中國"這種震爍千古的不世功業，中國共產黨又怎會吝嗇一個禮儀性的"總統"虛位？

因此兩岸輪值"總統"元首，也可成為一種具備相當現實性的選項。中國為國家元首在北京和臺北兩地都設立總統官署，那樣的話，臺北的"中國總統府"也就直接成為中國總統的臺北官署。兩地官署的兩翼設正副元首的辦公室，為有關元首虛位以待。非"元首輪值年"時，臺灣領導人在副元首一翼辦公，到了"元首輪值年"，臺灣地區領導人則直接搬進建築另一翼的"中國總統"辦公室，以中國元首身份接見美國總統在內的世界各國領導人。

從意識形態的角度來看，統一後的中國，這種兩地之間按照預先協定的規則而分配會議議席、然後兩地政黨再分別根據直選或間接選舉產生會議代表的"超級議會制度"，是不是"民主制度"？也許會有人批評，這種政體從民主政治的角度來看"不夠純粹，不夠徹底，不夠完美"，但無法否定，這是一種真正意義上的民主協商制度。對於大陸民主進程來說，新的制度安排，相比原來而言肯定是巨大的進步，民主的概念也必然會隨著國家統一對民心的極大振奮而更加深入民心。如果說，有一種制度安排能讓台海更和平，大陸更民主，那麼即使它不夠純粹或完美，但依然是促進中國民主與進步事業的一個理性選擇。

　　政體的問題是從憲法的高度，涉及對國家治理架構的界定與治理權力的分配，但是憲法本身只是一個法律文本，和世間所有法律一樣，要起作用，就需要人去尊重。如果萬一有人不尊重契約，作為一切爭議事務的最終方案，"武力"依舊是很多現實主義者選擇的必然備用選項。

4. 軍隊的問題

也許出乎很多人的意料，臺灣保留一支不受中共直接指揮的地方軍隊 這個設想是中共方面主動提出來的。

在統一國家之下的軍隊，必然絕對服從國家中央的號令，否則，這支軍隊就是軍閥。這也是很多質疑者從這個法理出發，認為中共提議"不可取"。

這是因為質疑者也許沒有仔細研究過中共的黨史和軍事史，忽略了中共在歷史上有長期經略和指揮"統一戰線之下的獨立武裝"的豐富經歷。在中共的觀念和歷史邏輯之中，統一戰線和獨立自主，這兩個觀念並不是絕對的對立，而是可以"對立統一"的。因為中共很好地回答了一個問題：統一戰線是什麼條件下的"統一"？獨立自主是什麼條件下的"獨立"？

在中共看來 臺灣軍隊是在民族統一的前提條件下，和"中國人民解放軍"一樣，統一服從國家中央的號令，而在保持"資產階級性質"上，則保持其軍隊性質上的特性和獨立性，這是沒有問題的。即使從"中華民國"的歷史和法理上，臺灣軍隊的存在意義不是為了保護臺灣的"獨立"，而是為了捍衛"三民主義"的立國理念，保護由孫中山先生創立的、"中華民國"賴以立國的意識形態。

中共對臺灣軍隊問題的考慮焦點和根本目的，顯然不是為了消滅"三民主義"意識形態，而是為了民族統一，況且，即使從國防考慮，臺灣地區也需要解決軍事駐防問題。

對臺灣軍隊的階級定義和存在確認完畢之後，臺灣軍隊駐防的範圍基本上也就不存在太多爭議。問題是：兩支階級性質、駐防範圍都不一樣的軍隊如何統一指揮？這可能會需要在"全國人大"之下設立"兩岸軍事聯席會議"類機構，統一協調進行解決。

協調軍隊的統一指揮和調度，顯然並不是一件簡單容易的事務，中共軍史有很多血淋淋的案例，比如"國民革命軍新編第四軍"的遭遇，顯示兩支軍隊一旦軍事協調或處理失當，會造成怎樣的流血與悲憤。因此，軍事協調的主題不僅僅是設立統一協調機構，而是把重點放在實際演練與實踐上，加強兩岸軍事交流、協作和合作，如"聯合軍事演習"日常化等。

儘管存在諸多棘手的軍事協調工作，但這樣做的好處是，不以意識形態差異和階級陣營對立，而造成在軍事上割據對立與衝突，讓中國成為實現各階級真正共和的民族國家。

對於臺灣軍隊來說，標識其軍隊階級性質的"青天白日滿地紅"在軍隊內部場合也許會繼續掛下去，但性質是作為軍旗，而不再可能是作為"中國國旗"。

5. 國旗，國歌的問題

　　"青天白日滿地紅"在相當長的時間內並不是中華民國的國旗，而且從一開始就不是。1912 年 5 月民國臨時參議院一致決定將五色旗定為國旗："本院為全國立法機關，於國旗統一當然有議決之權"，議決"以五色旗為國旗、十九星鐵血旗為陸軍旗、青天白日旗為海軍旗。"，直至張學良 1928 年 12 月 29 日全國通電"東北易幟"，東北易幟標誌著北伐戰爭的結束、南京國民政府完成"形式統一"以及北洋政府的正式終結。"青天白日滿地紅"旗才真正取代五色旗，成為中華民國的國旗，達到威望的頂峰。但然後其威望便一直不斷下滑、縮小，甚至蒙羞與蒙塵，直至被中國大陸棄用，並在國際社會上被徹底邊緣化。

　　在東北"易幟"不足三年，1931 年九一八事件爆發，中國東北地區全部淪陷，"青天白日滿地紅"也很快被偽滿洲國的"新五色旗"取代。而在其他省份，隨著第一次國共內戰的爆發與持續，在中共武裝割據的區域之內，"青天白日滿地紅"旗因其僅代表國民黨一黨專制、而不能代表工農階級而被棄用。

　　日本侵華期間，日軍扶植的汪偽政權，即汪精衛 1940 年 3 月 30 日在南京成立的偽國民政府，其國旗也採用"青天白日滿地紅"旗，旗幟上方一度加入"和平反共建國"六字，後來撤除。也就是說，"青天白日滿地紅"旗在抗日時期的廣大日據淪陷區內，長期是汪偽政權的象徵，這無疑令"青天白日滿地紅"旗進一步蒙羞。以淪陷區民眾的角度看，這面旗幟之下，不是淪為民族敗類的汪偽，就是守土失責、國器受辱的蔣氏，認同度都相當有問題。

1945 年抗戰勝利後，"青天白日滿地紅"旗不但在東北重新升起，更擴張至民國建國時所無的臺灣，但可惜曇花一現，僅僅 4 年之後"青天白日滿地紅"旗就徹底丟失了整個中國大陸。即使在臺灣，在兩蔣統治時代，"青天白日滿地紅"旗長期以來也是國民黨專制統治的象徵與標誌。而在國際舞臺上，1971 年後，隨著"青天白日滿地紅被公開逐出聯合國，其在世界上越來越邊緣化，在國際社會的認同度，也越來越低。

這樣一來，不論是歷史還是現狀，不論在國內還是在國際，"青天白日滿地紅"做新的中國國旗並沒有太充足或太多令人信服的理由。

我們再來看看中國大陸"中華人民共和國"的"五星紅旗"。和"中華民國"的國旗來自中國國民黨的黨旗與黨徽，同時又是"中華民國國軍"的軍旗不一樣，中共並沒有在"五星紅旗"上加上中共意識形態的任何標誌或圖騰。

中國大陸的國旗來自向全體國民公開徵集，五星紅旗的設計者不是一個政治人物，只是一個普通的上海居民，這位五星紅旗的設計者從 1947 年起直到 1999 年 10 月 19 日去世，就一直居住在上海虹口區山陰路上，默默無聞，一生清貧。

五星紅旗的設計理念是：紅色象徵革命，旗上的五顆五角星及其相互關係象徵共產黨領導下的革命人民大團結。五角星用黃色是為了在紅地上顯出光明，四顆小五角星各有一尖正對著大星的中心點，表示圍繞著一個中心而團結。顯然，整個設計理念並沒有涉及任何"共產主義"的意識形態，沒有加入政黨理念的敘事，沒有中共的"錘子鐮刀"標誌，而僅僅是強調了中共的老大地位，以及國家的"團結"。

這種克制的設計理念，無疑經得起相當長時間的考驗。

五星紅旗的設計給人們最大的啟示，也許是這件事本身在中國歷史上第一次表明：國旗、國徽、國歌等國家象徵，也可以向普通的國民公開徵集。有關設想在經過公眾充分討論並形成正式選項後，再提呈國家最高權力機關表決。

一個真正民主的共和國，會尊重和相信自己民眾的力量。國家象徵的設計出自一個普通公民之手、來自國家最高權力機關向全體國民的徵集，這本身是民眾的力量直接參與國家重要事務的一個典型例子。不僅如此，民間的力量，還必然在中國國家統一的歷史進程中，扮演舉足輕重的、先導性的重要角色。因為兩岸談判的形式決定了中國和平統一只能遵從先民間，後官方的規則。

第三部分

和平統一的路線圖

1. "正式官方談判"不可能存在

很多民眾懷著質樸的願望，期待台海兩岸儘快展開正式官方談判，達成和平協定，統一中國。但事實上，這種"正式官方談判"永遠也不可能存在，更別說達成談判協議了。

自從蔣經國"開放黨禁"，釋放出了政治"潘朵拉魔盒"裏面的精靈，臺灣進入"選票民主政治"時代，兩岸就永遠失去了"正式官方談判"的可能。

第一點，兩岸談判以"政府"名義不可能。

即使在國民黨一黨專制時代，臺灣以官方形式直接和大陸展開和平談判，也是幾乎不可能的，因為談判之前，雙方必須先確認一個至關重要的前提條件：談判雙方以什麼身份在談判桌上坐下來？是對等身份，還是不對等身份？

對於中國大陸一方來說，如果承認臺灣以"中華民國"作為對等實體進行談判，那麼意味著：在談判之前，中共本身就承認了對方"中華民國"存在的合法性，兩岸談判在本質上形成了"國與國"的談判，顯然，這是中共無法接受的。同理，對臺灣當局來說，如果談判之前就政治承認"中華人民共和國"，而不是"中華民國的大陸當局"，也就意味著提前承認了"中華民國"對大陸主權的法理喪失，同樣也是無法接受。

如果雙方不以"主權國家"名義，而以刻意規避雙方政治身份的、"純地理"身份進行，情況會怎樣？比如大陸方面以"中國大陸當局"、臺灣方面以"中國臺灣當局"的稱呼模糊手法處理身份問題。但是問題又來了：這個"中國"到底是指哪一個"中國"？

顯然世界上不存在"純地理"問題，地理問題本身就是政治問題。

所以，如果兩岸以"政府"名義進行正式談判，談判的前提條件根本就不存在。

那麼，兩岸以"政黨"名義進行正式談判呢？可惜，這條路也被封死了。

第二點，兩岸談判以"政黨"名義不成立。

大陸人民的主權可以由中國共產黨代表，但是臺灣呢？臺灣哪個政黨可以代表臺灣人民的主權？共產黨該和誰談判？這種黨之間談判出來的協定文本合法性如何？

在臺灣兩蔣時代，臺灣人民的主權可以由國民黨代表，無論民主人士或批評人士喜歡或者不喜歡，這是一個事實。法理上，《動員戡亂時期臨時條款》作為"中華民國"具有"憲法"補充條文性質的法律檔，是中國國民黨在所謂"戡亂時期"進行獨裁統治的重要法律依據，

60

性質相當於"憲法修正案"，所以也被稱為"戰時憲法"。從 1948 年 4 月 18 日開始實施，直到 1991 年"終止"，實行了 43 年之久。這也是中國國民黨能夠有政治資格代表臺灣與大陸進行統一談判的時間視窗期。然而這個視窗期已經永遠消失在中國歷史的長河裏了。

隨著蔣經國"解除戒嚴"開放黨禁，臺灣地區正式進入三權分立的政黨競選時代，即使國民黨有可能再次競選上臺執政，國民黨也不可逆轉地永遠失去其代表臺灣和中共進行談判的法理資格。

實行三權分立的國家，行政機關和立法機關甚至無權指定某個政黨、組織或個人成為完全意義上的、國家最高主權的象徵與代表，因為這是憲法的範疇。如果某個臺灣政黨宣稱自己是臺灣人民主權的代表，問題立刻就是"誰授權它"的？即使"總統"簽署了檔，授權"某黨代表臺灣和大陸談判兩岸統一"，並不代表立法機關同意。哪怕立法機關通過了授權，最高法院也可能宣佈這種授權違憲。更別說行政機關本身又實行"政黨輪流制"，上屆"總統"同意了，不代表下屆"總統"會同意。事實上，新任"總統"就經常推翻上屆"總統"簽訂的授權與協定。

這就是"國家主權三權分立"之下的談判困境。

兩岸以"政黨"名義進行正式談判，在法理意義上無法成立。

2. 談判的唯一途徑是

"先民間，後官方"

一， 民間談判的主角：海基會和海協會。

海基會的全稱是"海峽交流基金會"（Straits Exchange Foundation），本質上是一個臺灣民間機構，於1990年11月21日成立，由辜振甫擔任首任董事長，主要功能是接受"陸委會"委託，辦理兩岸交流所衍生的各項事務。

海協會的全稱是"海峽兩岸關係協會"（Association for Relations Across the Taiwan Straits），本質上是一個北京民間機構（社會團體法人），于1991年12月16日在北京成立，由上海市原市長汪道涵擔任海協會首任會長。《海峽兩岸關係協會章程》規定，海協會主要功能是接受大陸"有關方面"委託，與臺灣"有關部門和受權團體、人士"商談海峽兩岸交往中的"有關問題"。

也就是說，本質上，海基會和海協會都不是官方正式機構 但是可以分別接受大陸與臺灣當局官方的委託，在授權之下進行一些交流事務。不久便有了載入史書的"汪辜會談"。

二， 民間談判的共識基礎：九二共識。

這兩個"民間機構"促成了兩岸關係里程碑式的"九二

共識"。"九二共識"中的"九二"，是指達成這項共識的時間是 1992 年。"九二共識"這個名詞是 2000 年 4 月底，由當時臺灣當局的大陸事務主管部門負責人蘇起正式提出，此後在中國大陸 2012 年 3 月的政府工作報告之中出現，並在當年十月被首次寫入中共全國代表大會報告。

兩岸對於"九二共識"的事實性共識是：一，兩岸民間組織海協會與海基會，獲得兩岸官方的授權，在 1992 年經由香港會談及其後函電往來中，存在非正式的口頭協商與電文往來，因沒有簽署書面協定文本，所以被稱為"非正式共識"；二，這個"非正式共識"的內容就是兩岸雙方同意彼此對"一個中國"的政治內涵是否存在各自表述空間，以及如何追求中國統一存在歧見。

有意思的是，對"九二共識"的表述本身，後來也逐漸形成了台海兩岸各政治力量的"各自表述"，並在臺灣的選舉年裏成為藍綠兩營的爭論焦點。

作為這個重大歷史事件裏兩大主角，中共和國民黨都一致認同"九二共識"的政治內涵，國民黨的正式提法是"一個中國，各自表述"，簡稱"一中各表"；中共的正式提法是"九二共識"，官方場合裏不全面認同國民黨提法，但通過民間團體海協會與海基會的層面間接認同"一中各表"；而民進黨不是否認"九二共識"的政治內涵，而是直接從根本上否定"九二共識"本身的"存在"。

重點是：如果否定"九二共識"的政治主張，從民進黨的"政黨"層面，升級到臺灣執政當局的"政府"層面，等於臺灣執政當局間接宣佈"中華民國"放棄大陸"領土"，因此在法理上，"中華民國"就不再是"中國"。

"國家"不是一個空的概念，它是有"領土"涵義的。即使一個失去一切領土的"流亡政府"，它本身繼續存在的全部價值和意義，就是對領土的聲索，不再聲索領土的流亡政府，就立刻失去了其本身存在的意義。一個原來的全國政權，在內戰之中敗退至原來的一個省後，其執政的"行政機關"宣佈放棄除了其佔據之外的其餘全部領土，從憲政法理上，即使對於原來主權意義上的國家來說，這是分裂叛亂——也就是說，三權分立下的行政機關，沒有取得立法機關和司法機關的授權和同意下，單方面宣佈國家主權的領土範圍僅限原來一省，從憲政角度，是明顯違法的分裂"叛亂"。

於是就出現了歷史上極端吊詭的一幕：不但臺灣藍營在"保衛中華民國"，連中國大陸也在"保衛中華民國"。

大陸保衛的不是"作為臺灣的中華民國"，而是"作為中國的中華民國"。

當然民進黨也聲稱在"保衛中華民國"，但保衛是不是"作為中國的中華民國"就是另一回事了。"臺灣是中華民國"，和"中華民國是臺灣"，政治內涵有著巨大差異。在最基本的邏輯關係上，是個體和整體的邏輯差異，這種差異就是"我是人類"和"人類是我"的差別。

這種情況下，既然兩岸行政機關之間對"一個中國"共識基礎已經存在疑問，中共也就不可能授權海協會繼續和臺灣"執政當局"繼續談判下去。

　　所以，兩岸未來的談判，只能繼續順延"汪辜會談"的歷史邏輯，在"九二共識"這個巨大的里程碑上繼續前行，並按照"民間談判——官方確認——全民公決——統一制憲"的路線原則，分四步"小步快走"。

3. 和平統一的"四步走"路線圖

民主、和平地達成兩岸統一，不可能是"一步到位"的一蹴而就，而是遵從"民間談判——官方確認——全民公決——統一制憲的務實主義路線，分四步小步快走"。

第一步，民間談判。

兩岸"民間談判"已經具備現成的制度性溝通框架，就是海基會和海協會交流機制。

性質上，由於這兩個組織都是性質相同、地位對等的"民間團體"，所以可以規避"雙方以什麼身份在談判桌上坐下來？是對等身份，還是不對等身份？"的政治談判陷阱。但是，由於這兩個團體的唯一功能，就是受兩岸官方"委託"和"授權"而溝通和協商兩岸的交流事務，因此又具備了"半官方"的特性。因此，溝通和交流工作也會隨時受海峽兩岸政局變幻例如臺灣"政黨輪替"等政治因素的直接影響，而不斷波動，甚至中斷。

自從 2016 年一直拒絕公開承認"九二共識"的民進黨人蔡英文上臺執政後，臺灣與大陸關係再度惡化，海協會與海基會的兩岸談判機制，也隨之完全停擺。事實上，考慮到民進黨根深蒂固的"台獨"傾向，只要民進黨上臺執政，海協會與海基會的兩岸談判機制就不可能恢復。

所以臺灣海峽兩岸恢復談判的第一步，只能是等待泛藍陣營的政治力量在臺灣"大選"後再次上臺執政，兩岸回到九二共識的原點重新再出發。2024年是臺灣的大選年"，也因此吸引了包括中美兩國在內的整個亞太各個國家的高度關注。也許，很多年後，臺灣的人們在回顧2024年時發現，當天投票的那一刻，大多數人都根本意識不到，其實他們是在投票戰爭還是和平。

　　在前面分析臺灣政治生態時，我們提及，縱觀和比較臺灣各黨派的政治實力，民進黨對選舉技巧的高度嫻熟，黨內的團結緊密，對基層民眾的情緒操控能力，都遠超國民黨，可以說在整個臺灣無出其右。如果國民黨不能最大限度地團結泛藍陣營，建立團結和穩固的泛藍聯合戰線，2024年依然難以重回執政地位。

　　而要聯合泛藍陣營，建立穩固的泛藍聯合戰線，國民黨單靠大喊"和平"，顯然不夠，因為民進黨也在喊"和平"，而且還喊"民主"，聲音比國民黨還要大。所以泛藍陣營必須提供比民進黨的"民主"更宏大、更振聾發聵的敘事，以及令人信服的政治理念。而比民進黨更宏大的敘事，就是"民主、和平、統一"。這就需要在"一個中國，各自表述"基礎上再進一步，以"一個中國，主權共享"理念統合藍營，快速推動兩岸民間談判機制恢復。

　　一旦藍營重掌執政權，兩岸實際性推進統一談判的時間視窗，又會再次重新打開。但是藍營和中共大陸如果不能抓住時間視窗短暫打開的珍貴時機，迅速推進，以快打慢，難免又將再次出現"執政八年，一切歸零"的歷史遺憾。一旦政黨輪替，台獨勢力重新掌權上臺，台海兩岸再次風雲突變，刀兵實禍就會再次一觸即發。

所以，一旦海基會、海協會再次受權談判，就需主打一個快字，快速形成《兩岸主權共享》的統一草案，提交兩岸執政當局確認後，制定"主權共享公決"日程，在憲政層面推動"全民公決"，完成兩岸統一。

整個過程中，必然會遇到民進黨在街頭、議會等全方位的猛烈阻擾，並試圖引入外國勢力直接干預，但只要民進党沒有執政資源在手，從民間談判到官方確認這個階段，民進黨都不會有任何勝算。

只有在進入"官方確認"階段之後，統派才開始遇到最大阻力。

第二步，官方確認。

統派在"官方確認"階段，所遇到的最大阻力，不是來自中國大陸的反對力量，也不是來自臺灣的民進黨，而是來自美國。

無論藍營還是綠營，美國是臺灣幾乎所有政黨背後的最大政治後臺。也可以說，美國是整個臺灣背後的最大政治後臺。

統派遇到的最大問題是：美國不支持中國兩岸的統

一。

今天的美國，和 1945 年的美國，是完全兩個不同的國家。為了促進中國的和平統一，1945 年的美國會親自出面敦促中國國民黨和中國共產黨之間的進行和平談判，努力促成國共兩黨合作與和談。但今天美國對中國的定位已經徹底改變，由亞洲最大盟國變成了"唯一的全球競爭對手"。

即使臺灣海峽兩岸在"民主、和平"的原則之下統一成為一個新中國，美國對中國"唯一的全球競爭對手"定位會有改變嗎？答案是：這要看美國對自己"國家核心利益是什麼"如何定義。

如果把"維繫美國的全球霸權"看成是美國的國家核心利益，那麼統一後的中國，無疑就是更大的"全球競爭對手"。"競爭對手"本身的涵義和意識形態無關，甚至和"是否美國自己的盟友"無關。

美國不會明確支持臺灣的獨立，那是因為台獨就是戰爭，如果明確支持台獨，就相當於宣佈美國親自捲入中國內戰，而美國捲入中國內戰同樣不符合美國利益。

從本質上，美國人民是很好的人民，富有正義感，熱情，開朗，樂於助人。而且從歷史道義上，他們也有義務幫助中國以民主的方式和平統一，事實上，美國人也一直口頭上堂而皇之地宣告這一點。但是這不等於在涉及國家核心利益時，他們完全不考慮自己的利益。因此對美國來說，幾乎只剩下一個最後現實選項：讓兩岸維持事實上的分裂分治狀態長期化，甚至永久化，才符合美國國家核心利益。最好能拖多久，就拖多久。

現在美國宣傳幫助臺灣對抗中共的理由，是基於"民主與自由"價值觀意識形態，但是，如果臺灣宣佈基於民主的原則要與大陸統一，美國還有什麼理由去反駁臺灣的統派訴求？

很簡單：宣佈這種民主是假的。

如果說梵蒂岡是全世界天主教徒的精神祖國兼首都，那麼美國就是全世界"民主"意識形態信仰者心中的精神祖國兼首都。美國基本掌握著全球"民主"意識形態解釋的主動權，這一點，就連歐洲也是唯美國馬首是瞻，更別說日本和韓國了。

只要臺灣執政當局出臺任何美國不喜歡的政策，比如提出"民主統一中國"的政策，可以預期，美國隨時宣佈該當局某個政策違反了"民主"原則，是對"民主"價值觀的攻擊和踐踏，以及對該地區"民主"人士的迫害，並威嚇要制裁所有涉及該政策的一切政治人物，包括該地區的行政長官、或支持所有該政策的官員。哪怕這些政治人物爭辯，這個政策是民主的，也不會有任何效果。全世界大多數地方，一個東西是不是民主，只能由美國人說了算。這是對國際現實的、"以實力地位出發"的客觀陳述，而不是出於想像的虛幻假設。

在意識形態敍事這一點上，在全球範圍內，相比美國在話語權上擁有的強大優勢而言，中國大陸處於絕對劣勢，而且這個現實問題不是蓋幾家"孔子學院"可以解決的。中共在意識形態宣傳領域最大的問題是無法採取攻勢，只能一直採取守勢，這是由兩大原因決定的：一是其"韜光養晦，決不當頭"的國際戰略方針，二是中國共產黨的政黨敍事本身就是民族主義的，更多強調的是共產主義的中國化，而不是強調其意識形態的普世性。

但臺灣並不受中共的國際戰略方針限制。臺灣可以在中共"以實力地位出發"的配合下，在美國國內、歐洲部分國家、東南亞、其他美國力量相對地薄弱的地方，以"民主的多樣性"為敍事主題，稀釋甚至消解美國對民主意識形態的部分話語權。畢竟，美國內部本身也不是鐵板一塊，更何況其他國家？

站在美國的角度，中國大陸作為美國的"唯一全球競爭對手"全球實力本身已經非常接近和美國勢均力敵，這種微弱均勢還是建立在臺灣站在美國一方的基礎上，萬一中國大陸和臺灣合併，此消彼長，均勢被打破，美國就會陷入競爭劣勢。而且合併統一後的中國，挾民族和平統一所帶來的國民精神巨大振奮和國際威望極大提升，美國更無法與之匹敵。

但是別忘了，美國也是非常靈活的務實主義者。美國人也許是世界上最好的商人，深諳交易的藝術。既然貨物鐵定無法留在手上，最好的辦法，就是趁機賣個好價錢。

1978 年，美國就把臺灣賣過一次，贏取中共在美蘇全球爭霸中站在美國一邊。

2022 年俄國人軍事進攻基輔，讓歐洲地緣政治發生了不可逆轉的巨變。這個事件本身一開始對美國非常有利：在同一個威脅之下，整個歐洲立刻團結在以美國為中心的北約周圍，並軍事援助烏克蘭，本來就快要死的北約不但活了過來，還借機得以擴大了。

但問題在於戰爭的持久化。俄羅斯的戰爭潛力被徹底消耗完畢之前，戰爭就不可能結束。而俄羅斯又是一個領土、資源、人口、軍事上擁有世界級優勢的全球超級強權。

戰爭在拖住俄羅斯的同時，也拖住了美國。雖然美國目前還沒有直接派兵介入 僅在經濟上不斷巨額投入，但是隨著戰爭的不斷擴大，雙方對抗越來越激烈，戰火必然向俄羅斯本土擴散，同時也逐漸卷向歐洲的西面，美軍被直接捲入衝突的風險，也越來越大。

美國國內遲早有人會明白過來：這個時候，如果和中國繼續激烈對抗，就相當於在中俄兩條線同時作戰。

相對而言，中國的交易籌碼多得多。而且，中國還是美國最大的海外債權人。

臺灣海峽兩岸和平統一的民間協議草案，在臺灣當局"官方確認"階段,必然面臨來自反對黨的大量抗議和來自美國的壓力。但畢竟,"大義名分"上美國無法公開表態反對中國以民主和平的方式進行統一,只要執政當局搶佔這個無可爭辯的"大義名分",街頭抗議只能是"雷聲震天雨點小"的例行節目表演。兩岸統一進程必然"兩岸猿聲啼不住,輕舟已過萬重山",從行政機關的層面,進入憲政層面的"全民公決"議程階段。

第三步,全民公決。

三權分立的政治架構之下,有兩個途徑可以進行涉及國體層面的憲政變革。

第一個途徑,是行政機關可向立法機關發出"修憲"提案,議會通過後成為法律;但是這個途徑有兩大難點。一個難點是在議會層面,要麼提案不通過而被駁回,或因"技術性細節"而被無限期擱置和拖延,比如美國憲法的科爾文修正案,議案主題是"保留奴隸制",該修正案在 1861 年 3 月 2 日提出後,在技術上目前狀態依然是"還有待州議員的決定",而且這個狀態本身,又引發了重大法律爭議,被質疑"超過了提出該修正案的決議案的期限"而自動失效。

這種途徑的另一個難點是在司法機關層面。因為即使在議會通過了議案,最高法院有權受理反對黨的法律訴訟,並在裁決中指出有關法律或指令"違憲",比如美國的聯邦最高法院就有權裁定聯邦和各州的任何法律違憲"而不被採用。而且最高法院對於案件的審理週期一般沒有任何時間限制,這意味著會是一場漫長的法律戰爭,爭端持續之長,也許會經歷若干次政黨輪替後仍在持續。

第二個途徑,是行政機關直接要求召開國家主權意義上的全民代表性質"憲制會議"或國民大會,由會議代表對有關議案進行表決、或提交全體公民投票公決。這個途徑同時解決了立法和司法機關這兩個難點。因為行政機關和議會衝突的終極形式,也就是解散議會重新大選,本質上其實也是全民公決的一種形式;另一方面,全民公決本身就具有代表完整國家主權的最高合法性,其通過的法律,是代表國家主權最高合法性的憲法文本,合法性和權威性,都遠超最高法院的裁決文本。

臺灣在統派執政當局舉辦全民公投之後,"和平統一"基本上大局已定。只要兩岸通過"全民公決"的那一天,相當於兩岸人民正式宣佈國家統一。統一的新中國就正式誕生了。

中國大陸方面並不需要全民公決,前面我們說過:中國大陸的政體不是三權分立制度,而是超級議會制度",只要中國大陸的議會"全國人民代表大會"表決同意,大陸就可以和臺灣"共享主權"原則之下進行合併。

剩下的最重要工作就是執行層面的工作,主要內容,就是舉行兩岸的國民代表大會，作為中國新的超級議會"，制定憲法，選舉元首。

　　第四步，統一與制憲。

　　國家憲法的誕生，一般是在國家成立之後。

　　前面說過，新國家的正式成立，是在全民公決的那一天，而不是憲法誕生的當天。

　　美國於 1776 年正式獨立，但新國家制定憲法的時間，則遲至十年之後。美利堅合眾國憲法 (United States Constitution) 是在 1787 年才由美利堅合眾國制憲會議"制定和通過，1789 年 3 月 4 日正式宣佈生效。

　　中華民國於 1912 年元月正式建立，兩個多月後，臨時性憲法《中華民國臨時約法》1912 年 3 月 11 日宣佈。正式的《中華民國憲法》則遲至三十多年之後，於 1946 年 12 月 25 日國民大會通過，1947 年 1 月 1 日由中國南京國民黨政府頒佈。

　　中華人民共和國的國慶是 1949 年 10 月 1 日，但從嚴格意義上，其正式成立並不是 1949 年 10 月 1 日，而是 1949 年 9 月 29 日，中國人民政治協商會議第一屆全體會議選舉了中央人民政府委員會，宣告了中華人民共和國的成立。中華人民共和國的第一部憲法制定和正式發佈則遲至 1954 年，也因此被稱為"五四憲法"。

　　也就是說，統一之後，制憲的工作有可能持續經年。

在此之前，一般只能授權兩岸代表組建臨時性的台海兩岸統一委員會，統一管控和協調兩岸的統一事務，包括協定產生"臨時國家元首"，在"國家元首"正式產生之前，暫時代理中國元首的禮儀性工作。

當然，如果前期準備充分，或者"公決"中本身就有詳細附案和子議案，"公決"統一議題的同時，也選出了臺灣地區在新的中國"超級議會"代表，兩岸就可能在"全民公決"通過統一決議的同一天，召開新的中國第一屆"超級議會"，正式表決通過新的《憲法》，並選舉出國家元首。

結語

"主權共享"真偽之辯，

以及該理論對世界各國的未來影響

1. "主權共享"真偽之辯

總結而言，"主權共享"的基礎，是特指對等或"類對等"的政權之間，無論是否承認對方的政權合法性，都可以在民主和平的談判下，共同拿出雙方已經控制的實質主權出來，合併成一個新的、更完整的國家主權，由雙方共享。為什麼香港和中國大陸不是"主權共享"的關係？因為香港和中國大陸是完全的地方和中央的關係；香港人民和廣東人民之間，是"主權共享"意義上的關係嗎？這要看香港人民的代表和廣東人民的代表在"全國人大"有沒有"可量化計算"的議席。如果有，那就是。如果沒有，那就不是。

臺灣為什麼需要在兩岸統一之後，在新的國家最高權力機關中佔據遠超一省體量的、甚至高達三分一的席位配額比例？就是因為：臺灣席位數量反映的，根本不是其作為一個省的話語權，而反映的是整個"中國資產階級"在國家最高權力機關中的話語權以及政治地位。為什麼香港只有 10 個席位，而臺灣有 100 個？這樣是不公平嗎？因為臺灣佔有的席位不是單單代表著一個省，而且還代表著一個階級，而香港和廣東則是作為地方計算席位。

中國近現代歷史上有數次"南北談判"，只要實踐了"主權共享"原則的，都會帶來中國的和平統一，凡是背離"主權共享"規律的，最後都是談判破裂，兵戎相見。

比如辛亥革命期間，南北各省紛紛宣佈脫離滿清政府而"獨立"，建立各省革命軍政府，然後各省政府派出代表和談，至 11 月 30 日，共有 11 省代表齊集漢口，在英租界召開第一屆"各省都督府代表聯合會"，12 月 16 日在南京繼續召開 17 省都督府代表聯合會，代表各省主權，謀求民族的共和與統一，各省平等，事實上一省一席，可以說是中國最早的"主權共享"實踐。

辛亥革命"南北議和"成功，護法運動後"南北和會"卻失敗。都是"南北"談判，主題都是南北雙方謀求中國"和平統一"，為什麼前者成功，而後者失敗？就是因為前者談判之前，雙方早就統一後南北如何分配國家最高權力、以及包括"誰來做老大"達成了一致；而在後者談判的本質卻是南北軍閥試圖"分贓"，南北各地的軍頭都爭做全國老大，最後北方拒絕南方所提條件，"南北和會"宣告破裂，中國重新陷入長達十餘年"軍閥混戰"的血淚時代。這是沒有達成"主權共享"所帶來的禍端。

更令今人惋惜的就是重慶談判，雙方歷經艱辛談判而簽署的協議被撕毀，留下的巨大歷史遺憾。從政治常識而言，自認為優勢最弱小的一方，在已經簽訂協定的情況下，主動攻擊明顯優勢更強大的另一方，顯然並不合理。從美國方面的歷史檔來看，事情經過也已經比較明朗。用今天"主權共享"理論框架再次回顧，無疑是因為：重慶談判雖然解決了"中央誰做老大"的國家最高權力分配問題，但沒有解決如何處置各自劃定區域內實質治理權的問題，尤其包括軍隊和地方自治權的問題。軍隊問題和中共在其實際佔領區域內進行高度自治的兩大問題沒有解決，必然給蔣介石帶來巨大不安全感，然後在必勝的極度自信之下發出主動攻擊，這種可能或許更接近歷史真相。重慶談判先在紙面上成功，然後在現實和實踐上徹底失敗，是一個巨大的民族悲劇，也無疑對親眼目睹這個悲劇的鄧小平產生莫大心理衝擊，對鄧小平後來提出"一國兩制"、臺灣方面可保留軍隊、並高度自治保留的理念，產生很大影響。

"主權共享成立的充分必要條件是：對等或者類對等"的政權實體，在合併後的新國家主權裏形成憲制化的、"可量化"的中央權力分配、同時互相保留對各自劃定區域內的實質治理權。這是"主權共享"理論的基本框架。

也就是說，真正的"主權共享"必須滿足三個條件。

第一，政權實體之間在談判之前，就處於對等、或者"類對等"的地位；

第二，實體之間在合併後的完整意義的國家主權裏，達成憲制化的、"可量化"的中央權力分配；

第三，實體之間互相保留對各自劃定區域內的實質治理權。

我們先看看中國大陸。中國大陸不實行三權分立，

"全國人大"就是國家主權完整意義上、"三位一體"的中央。在憲政角度上，中華人民共和國是一個"中央集權"國家，權力全部集中在名為"全國人民代表大會"的超級議會手上，各省作為地方，之間政治地位對等，並在最高權力機關這個超級議會裏擁有對應的代表議席。各省政府在同一中央之下，各自在劃定區域內實行具備相當高度自主管轄權利的治理或自治。

從這個定義上，國共內戰之後建立的"中華人民共和國"，大陸的地方各省，構成了在同一中央之下的"主權共享"關係。

另外，我們還可以看看一些國家最高權力機關被"三權分立"的、聯邦政體國家的例子，例如美國。美國各州在宣佈組成合眾國之前，州之間都是對等的不列顛殖民屬地，對於成立國家之後的最高主權機關，無論是行政機關的總統選舉人制度，還是立法機關的國會席位分配制度，都具備"可量化"的中央權力分配話語權。從"主權共享"理論的角度上看，美國是更接近"主權共享"意義上的聯邦國家。

而"主權共享"理論的反向涵義是：即使一個國家自稱是"聯邦國家"，如果其地方的各"加盟成員國"並不對國家最高權力機關中央擁有"可量化"的話語權，就不是實體之間共享國家中央的主權，而實質就是一個主體民族對其他民族領土的吞併。也就是說，該"加盟成員國"

對主體國家來說，就是純粹地方對中央的隸屬關係，而不是"主權共享"。這裏區別的關鍵，就是"可量化"。

現在，我們可以再看看：俄羅斯聯邦。根據俄羅斯的憲法，俄羅斯聯邦實行"三權分立"，國家最高立法機關是國會，國會也實行兩院制，上院是俄羅斯聯邦委員會，全稱俄羅斯聯邦議會聯邦委員會，各加盟共和國在上院層面擁有議席，但下院是國家杜馬，全部代表按"黨派原則"產生，和加盟共和國無關。這說明加盟共和國在國會層面的配額僅限上院。俄羅斯的最高行政機關是總統，俄羅斯總統實行直選制度，也就是說，俄羅斯最高行政機關的產生和各"加盟共和國"的權力配額也沒有關係，在憲法意義上，各"加盟共和國"對國家主權的最高行政機關如何產生完全沒有話語權。這一點，俄羅斯和美國、中國都不一樣。

在現實中，如果行政機關和立法機關發生衝突，俄羅斯會怎麼解決？最典型的歷史案例就是十月事件，又稱炮打白宮事件：1993 年 10 月俄羅斯聯邦總統葉利欽下令軍隊包圍俄羅斯聯邦最高蘇維埃所在的議會大樓，隨後進行炮轟，以武力強行解散俄聯邦最高蘇維埃。 因此無論憲政層面還是權力現實，俄羅斯都是一個完全中央集權的國家，俄羅斯的國家最高權力機關只有一個，就是總統。

顯然，俄羅斯不是各加盟共和國"主權共享"意義上的國家。

最後，我們看看日本的情況。

嚴格意義上，日本並不是"三權分立"國家。

和中國一樣，日本的國家最高權力機關是日本國會（英語：Diet of Japan，日語：にほんこっかい），兼唯一立法機關，可以說，日本國家主權中央也是一個"超級議會"，最高行政機關首腦也由國會產生。但是和中國不一樣的是：日本國會實行兩院制，眾議院權力大於參議院。眾議員選舉是通過"單一選區制"與"比例代表制"的並立制選舉產生，參議員通過"複數選區制"與"比例代表制"的並立制選舉產生，比例選區包括北海道、東北、北關東、南關東、東京、北信越、東海、近畿、中國、四國、九州—沖繩。無論眾議院還是參議院，地方代表占了整個日本國會非常大的配額比例。

從"主權共享"的定義上，日本各地方構成了在國會集權中央之下的"主權共享"關係。

2. "主權共享"理論對

世界各國的未來影響

　　"主權共享"理論首先吸引的，是那些原來是統一民族、後來因為意識形態對立或作為世界大國利益鬥爭的棋子而被分裂、但雙方依然強烈堅持聲稱擁有對方領土主權的國家，比如："朝鮮民主主義人民共和國"和"大韓民國"，也就是通俗說的'北韓'和'南韓"（或南北朝鮮），一般以地理位置"朝鮮半島"指代。

　　另外，"主權共享"理論還對那些目前名義上仍屬一個國家、但部分領土已經宣佈獨立、主體國家主權已經被事實上分裂的國家，比如巴爾幹半島的塞爾維亞等，有著一定的參考意義。

　　最後，而作為"主權共享"反向涵義上的例子，我們可以再看看爆發於 2022 年的俄烏戰爭對於"主權共享"理論的一些啟發。

一. 對朝鮮半島的影響

儘管在相當長的歷史上，朝鮮是中國大陸中央王朝的屬國，但依然保持了相對獨立地位，朝鮮人也形成了源自中華，但又異於中國大陸的獨特文化與民族特性，也形成了特有的民族自豪感。

日本文化的內核也來自中華，但日本從沒有在政治上依附中華，這是歷史事實，所以日本反而對文化源自中華這一點上非常豁達和自信，甚至很多時候有意強調和突出日本文化當中源自中華的一面，並逐漸在政治、文化和民族精神層面上變得非常強勢。其邏輯是：是的，我很多東西源自於你，但這因為我善於學習和吸收，反而顯得我學習能力強。政治上能平等來往、軍事上不落下風，至少中國大陸中央王朝的兵鋒始終從來未能征服日本本土，這讓日本面對中國大陸時，比起朝鮮更自信，甚至長期公然僭稱自己為"中華"。

這種特質也是日本在二戰後再次復興的關鍵。日本歷史上，第一個用武力侵犯並強勢迫使日本簽訂不平等條約的外國，是美國，第一個徹底軍事征服並軍事佔領日本的外國，也是美國。日本民族的文化內核也因此按照美國的文化內核而被改造，並在原有基礎上，部分糅合進了美國民族文化中開放和多元的元素。與此同時，戰敗並被軍事佔領的日本，也迎來了震驚世界的經濟振興，日本的國際經濟地位甚至攀上了史無前例的高度，很多歷史學家在考察日本及歐洲在二戰後復興的歷史時，大多從政治和經濟角度進行考察和解讀，而很大程度上忽視了美國對於戰敗國家"文化革命"的影響。事實上，美國文化在歐洲和日韓掀起的各種思想文化運動，堪稱是"美國精神"在歐洲和日本的二次"文藝復興"，極大改造了被佔領國家的民族文化特性，否則很難解釋：為什麼日本作為戰敗國家，戰後的昭和時代，整個日本民族的精神面貌反而如此亢奮和進取。

而對朝鮮半島來說，情況則有所不同。同時在文化和政治上從屬他國，這樣的歷史肯定和"民族自豪感"相悖，但中國大陸的中原王朝並沒有輕侮朝鮮，也沒有吞併朝鮮，從擬人角度來看，可說是待之如子。反而朝鮮一旦脫離中華附屬而稱帝，短短數年內隨即被日本吞併而徹底亡國。這也讓朝鮮以及後來的南北韓，在面對中華文化話題時，心態非常複雜。

民族自豪感的一個表現，是對一個"完整"自我的認同，尤其是對民族"統一"的執念。這個世界不僅僅是中國人對自己民族的統一有執念。任何其他有民族自尊心和自豪感的其他民族也會一樣。中華文化的核心是"仁"，是"推己及人"，是"己所不欲勿施於人"，朝鮮人對自己民族的統一的執念，是值得同情和尊重的。

早在朝鮮半島爆發 1950 年的戰爭之前，南北就已經分別建國。和中國的"先戰爭，再分裂"不一樣，朝鮮半島是屬於"先分裂，再戰爭"，然後再徹底分裂。

1945 年 8 月 9 日，在日本戰敗投降的前夕，美國提議，以北緯 38 度線為界，美國和蘇聯分別佔領朝鮮半島南部和北部，得到了蘇聯的認可，南北朝鮮的分裂由此成形。

在南方，隨著 1947 年 7 月左翼民主派呂運亨被暗殺，左翼政黨在美國佔領軍和右翼勢力的聯合打擊下，活動空間越來越小，最終徹底消失。右翼民主黨領袖人物宋鎮禹被暗殺後，金九的"臨政派"一度得到廣泛支持，但後來也被極右翼暗殺；於是朝鮮南方之中，美國合意而且又傾向美國政府的代言人，只剩下李承晚。由於蘇聯禁止在北朝鮮進行"聯合國監督下"的統一選舉，1948 年 2 月 26 日，聯大臨時委員會通過決議："允許朝鮮人在盡可能到達的地方繼續選舉。"隨後，在美國監督下，朝鮮南方舉行了單獨選舉。1948 年 8 月 15 日，朝鮮半島的南半部，大韓民國宣佈建國，李承晚出任首屆總統。

在北方，民族主義領袖曹晚植因反對蘇聯"託管"，而被蘇軍軟禁，1950 年被殺害；蘇軍在北朝鮮佔領區暴力鎮壓了所有的朝鮮學生運動，北朝鮮的民族主義分子和右翼分子被掃除乾淨，在北方的政黨成為清一色的親蘇政黨，右派基本消除，甚至在"朝鮮共產黨"內部也有清洗，玄俊赫的關西共產主義者以及朱甯河、吳琪燮關北派，不是被暗殺就是被驅逐出黨，金日成最終成為朝鮮北方的長期唯一最高領導人。在南方的"大韓民國"宣佈建國僅三個星期之後，在 1948 年 9 月 9 日，朝鮮半島的北半部，朝鮮民主主義人民共和國宣告建國，三天后，在 1948 年 9 月 12 日，蘇聯正式承認朝鮮的獨立地位。

朝鮮半島南北兩個政府先後成立時，中國是什麼狀態？在忙著內戰。

朝韓分別建國之後，幾乎馬上就在"三八線"附近，展開大小不斷的、頻繁的激烈衝突，有記錄可查的衝突記錄在不足兩年之內就達到 2000 次以上。隨著武裝衝突的不斷升級，1950 年 6 月 25 日拂曉，朝鮮戰爭全面爆發。

1950 年 6 月爆發的戰爭，在本質上是朝鮮北方和南方之間的民族內戰，並在美國、中國、蘇聯等多個大國的不同程度地捲入之下，成為了一場國際性的、大規模的局部戰爭。中美兩國雙方都先後直接派兵介入，形成了兩大軍事陣營的對立，北方是"中朝"聯軍，南方是美軍領導的"聯合國軍"，雙方於 1951 年 7 月開始停戰談判，最後在 1953 年 7 月 27 日雙方在板門店簽署《朝鮮人民軍最高司令官及中國人民志願軍司令員一方與聯合國軍總司令另一方關於朝鮮軍事停戰的協定》。這也是半島雙方徹底放棄武力統一的法理依據，朝鮮半島的南北內戰，也正式宣告結束。

值得注意的是，《停戰協議》簽署後，中國軍隊幾年之內，在 1958 年前，分批、陸續全部撤出北朝鮮的領土，不留一兵，以示中國完全尊重朝鮮的平等和獨立地位。

朝鮮半島停戰，和中國台海兩岸之間一直沒有簽署任何停戰《協議》不一樣。在法理上，中國大陸和臺灣軍方一天沒有簽署《停戰協議》，中國的內戰就一天不會正式宣告結束。

也就是說，在嚴格意義上，中國大陸和臺灣之間目前仍然處於內戰狀態。

朝鮮半島南北正式停戰之後，隨著中美建交並進入八十年代的所謂中美蜜月期，以及中國大陸改革開放，中國大陸和南朝鮮的關係逐漸鬆動，南北朝鮮也開啟了"互相承認"的歷史進程。

1991 年 5 月 27 日朝鮮通過外交聲明，申請加入聯合國，7 月 8 日向聯合國秘書長提交了入聯申請書。隨後，韓國政府於 8 月 5 日提交了入聯申請書。朝韓兩國的入聯申請書通過安理會加入審查委員會的審查，並在聯大會議上一致通過這一決議，在第 46 屆聯合國大會開幕日即 1991 年 9 月 17 日當天，朝韓兩國正式入聯。

中韓建交的核心是臺灣問題，即一個中國的問題。韓國在與臺灣保持"外交關係"幾十年後，以換取中國大陸承認為交換，也承認中華人民共和國是中國的唯一合法政府，臺灣是中國不可分割的一部分，最後，中國於1992 年 8 月 24 日正式承認"大韓民國"。韓國與臺灣當局隨之"斷交"。作為對韓國"拋棄"臺灣的回應，臺灣方面在撤離韓國時，"砸館"以示報復。

　　為什麼美國和中國大陸建交，被視為"出賣"臺灣，而中國承認南朝鮮為韓國，而不被視為"出賣"北朝鮮？因為中國承認韓國的同時，繼續外交承認北朝鮮。而美國根據"一個中國"原則，在和大陸建交的同時，必須和臺灣斷交。中國並沒有把朝鮮視為附屬國，朝鮮也沒有把中國視為宗主，而且中國並沒有在朝鮮駐軍，也不存在撤軍的問題。中共對"朝鮮半島的統一"的態度是：第一，中國支持朝鮮半島的統一；第二，這是半島兩國的內政，中國作為外國不干涉兩國內政。

　　根據"主權共享"的理論框架，朝鮮半島的統一問題，就在於雙方如何就三個問題達成共識：

　　第一個是如何解決雙方互相承認政治上對等、或"類對等"的問題；政府官方的問題，是出於自身政權合法化的根本原因，而必須在官方層面拒絕對方的合理存在，也就是所謂的"漢賊不兩立"。中國台海兩岸的"主權共享"，是用"先民間，後官方"的辦法解決。

這對朝鮮半島有著巨大的啟示意義。

第二個問題，是南北朝鮮的兩個實體之間，在統一後的、完整國家主權意義上的新朝鮮或新韓國裏，如何達成憲制化的、"可量化"的中央權力分配？

與中國大陸類似，北朝鮮實行以"超級議會"完整代表國家主權的憲政架構。朝鮮民主主義人民共和國的憲法規定，"最高人民會議"是朝鮮的國家最高權力機關，議員按照選區劃分，按照"等額選舉"方式由選舉產生。"等額選舉"的意思是：候選人數與應選人數相等，也就是說，被提名的候選人自動當選。

"等額選舉"意味著：北朝鮮的最高領導人的落選，在"可能性"上就不存在。

這和中國大陸完全相反，中國大陸地區的全國人大代表和地方各級人大代表的選舉，一律實行"差額選舉"，這意味著，在中國大陸的"人大代表"選舉中，會有候選人落選。從制度上的可能性而言，在選舉中，把不喜歡的候選人選下臺，無論在中央最高權力機關，還是各級地方的權力機關，這種可能性是客觀存在的。甚至當選的"人大代表"，是否會在議案表決中投出"反對票"，也一度成為中國大陸網路上熱議的話題，以至於一位元代表因為在被採訪時，公開說了一句自己從"沒有投出反對票"而遭到大量網路輿論的猛烈批評與批判。中國大陸這些現象，不大可能在北朝鮮出現。

即使朝鮮半島南北方一致同意採納這種以一個"超級議會"完整代表國家主權的憲政架構,在這個'超級議會"裏,南北誰才是老大"?南北雙方又如何分配議席比例?按照人口比例嗎?南朝鮮的人口數量大約是5200萬左右,北朝鮮的人口數量是大約2500萬,那麼幾乎鐵定人口數量相對少的北朝鮮不會同意。

朝鮮半島和中國情況不一樣的,還有國號問題。朝鮮半島的國號問題比較複雜。北朝鮮能夠接受"韓國"這個國號嗎?南朝鮮半島能夠接受"朝鮮"這個國號嗎?所有這些問題,在南北雙方達成憲制化的、"可量化"的中央權力分配共識之前,都不會解決。

第三個共識問題,是朝鮮半島南北政權實體之間,互相保留對各自劃定區域內的實質治理權的問題。這個問題能否達成共識,也存在高度不確定性。其中最大的問題是:軍隊。

朝鮮半島南北雙方的歷任最高領導人,尤其是佔據最大軍事優勢的一方,並沒有發佈過任何容許對方武裝力量存在的提議或指示。

那如果北朝鮮有一天出現極端的政治巨變,比如國體改變呢?但是,即使金家王朝突然崩潰,北朝鮮再次出現政權更替,或者爆發民主革命,也不會改變北朝鮮是擁有聯合國合法席位的"主權國家"這一客觀事實。南北朝鮮的統一,依然是兩個獨立的主權國家之間的合併問題。

　　"主權共享"框架無疑是朝鮮半島和平統一的可能之一，但是朝鮮半島南北兩國合併，比起中國臺灣海峽兩岸統一，註定會漫長得多。

二. 對巴爾幹半島的影響

塞爾維亞《憲法》明確指出，科索沃享有高度自治，是塞爾維亞領土不可分割的一部分。目前，世界上已經有共 107 個聯合國成員國宣佈承認了科索沃的主權獨立地位，甚至還很多國家在科索沃建立了大使館。但是，其中不包括中國。

中國不承認科索沃的主權獨立地位，很大程度上，是因為臺灣。

科索沃問題的核心是：一個主權國家內的地方政府，在什麼情況下可以宣佈獨立？也就是：國家主權能否分割的問題。

如果一個國家的主權能被地方分割出去而無需全體同意，那這個"地方"本身，或者地方下轄的地方，理論上都可以無限分割，自行一個個、一層層地分別宣佈從原來整體中剝離分割出去，而不需要整體同意。那意味著世界強國就可以先侵佔另一個主權國家的領土，然後讓這個地方"獨立公投"，從其母體分割出去，然後併吞這塊"宣佈獨立"的領土。那麼整個現代主權國家的體系，就不再存在了。這就是正在發生在烏克蘭克裏米亞和東部的事。

美國 13 個州共同宣佈合併，成立一個新的國家，那麼這個國家的完整主權就是包含了這 13 個州，任何一個州要從國家中再次獨立出去，都需要 13 個州共同的同意。這也是美國南北戰爭中，北方的林肯政府佔據的最高"大義名分"。而林肯總統是因為保衛了"美國的獨立"即美國作為一個國家的完整國家主權，而成為"美國歷史上最偉大的總統"。

一個主權國家內的地方政府，在什麼情況下可以宣佈獨立？答案是：在兩種情況下。

第一種情況，是原來的國家通過最高權力機關或公投宣佈該地方獨立，也就是主體國家宣佈不要這個"地方"主權了。比如新加坡的獨立，就不是新加坡自己主動的。

第二種情況是，地方自己宣佈獨立，主體國家最高權力機關同意，或者因各種原因而不得不默認。比如，這個國家正在失去作為"主權國家"的基本功能，極端情況是：這個主體國家本身正在解體。

如果地方自己宣佈獨立，而主體國家不承認呢？那麼很簡單：這種獨立就是非法的。

為什麼殖民地獨立有正當性？因為殖民者取得殖民地的主權的方式本身不具備正當性，並沒有經過當地人民的同意，但即便如此，殖民地的獨立，在程式上依然需要原主權宗主國的名義承認。

蘇聯解體為什麼可以被認為"合法"？因為蘇聯本身是俄羅斯、白俄羅斯和烏克蘭這三大"創始加盟共和國"共同簽署了 1922 年的《蘇聯成立條約》所創立。也就是說，蘇聯成立的合法性，來自加盟共和國的授權，而當這三個共和國的主權合法代表再次一起共同宣佈，其作為蘇聯的三大"創始加盟共和國"，它們有權利共同退出蘇聯，要求停止蘇聯作為國際法的主體和地緣政治現實的存在。這種情況下，蘇聯的解散訴求，就不能說是完全非法的了，在進一步取得蘇聯各最高權力機關表決同意之後，蘇聯解體的合法化手續至此全部完成。

為什麼中國不承認科索沃的主權"獨立"地位？因為中國如果在塞爾維亞的反對下承認了科索沃的獨立，那相當於在法理上宣佈，中國大陸也同意了臺灣某種程度上具備了獨立的合法性。出於同樣理由，中國也明確不承認克裏米亞和烏克蘭東部的"獨立"，及其被併入俄羅斯。中國大陸內部有些意見人士支持俄羅斯併吞克裏米亞，顯然不知道，對克裏米亞的"獨立"支持，也是對臺灣獨立的聲援和支持。

1999 年 6 月科索沃戰爭結束後，科索沃由聯合國託管。2008 年 2 月，科索沃單方面宣佈"獨立"，得到了美國及其一些盟友的承認，2010 年 7 月 22 日，西方國家主導下的"國際法庭"就科索沃案發表諮詢意見，認為科索沃的"獨立"不違反國際法"。2016 年 8 月 5 日，科索沃首次參加奧運會。但是塞爾維亞始終堅持其對科索沃擁有主權，中國、俄羅斯、印度、西班牙等約 90 個國家並不承認科索沃的"獨立"。

為什麼美國會承認科索沃的獨立？一種解釋是，美國人認為自己家裏的窗子沒有玻璃，所以不怕別人往他的窗子扔石頭。但別忘了：這種對"地方可以不經主體國家同意而自行宣佈脫離主體獨立"理念的承認，其實也等於間接宣佈了美國南北戰爭前，南方七州宣佈脫離合眾國的合法性，同時也暗示了林肯宣佈南方七州發生"違反美國法律的叛亂"的著名《聲明》本身是非法的。

人類歷史表明：世界上沒有一個帝國可以永遠保持世界霸權，永不衰落。

巴爾幹半島一直是大國紛爭之地，各種矛盾在此聚合，也容易在此激化。因為世界大國把這個地方當成了角逐大國利益的舞臺焦點，隨著大國的興衰起落，巴爾幹各國背後力量的此消彼長，巴爾幹半島的矛盾也隨之而此起彼伏，局勢激蕩不斷。

"主權共享"理論框架在塞爾維亞和科索沃的問題上並不具備普世性意義，但具備理論上的參考意義。科索沃的問題已經"國際化"，成為了大國之間的利益角鬥場，而不僅僅是塞爾維亞和科索沃之間的問題。

對塞爾維亞來說，永久和平的機會，在於向國內提供一個更宏大的民族主義敘事 在更宏大的歷史敘事下，對抗民族分離和地方分裂主義，和科索沃一起探索"主權共享"的政治可能。否則，不但塞爾維亞會被科索沃分裂，科索沃本身的分裂，也將近在咫尺。

三. 對俄烏戰爭的影響

2022 年 2 月爆發的俄羅斯和烏克蘭戰爭，可以說是"主權共享"理論在相反方向上的現實演繹。按照俄羅斯總統在發動軍事攻擊前兩天在電視面前發表的長篇累牘的全國宣言，以及兩天之後，在正式閃擊烏克蘭首都基輔的同時，以全國電視講話形式發表的、更為清晰和詳細聲明《有必要再一次解釋我們為什麼要這麼做》，宣稱俄羅斯軍事行動的目標，在於對烏克蘭的"去軍事化"和"去納粹化"，而且，還要在烏克蘭將那些"犯下罪行的分子"實施抓捕。

根據俄羅斯總統清楚無誤的宣言，俄羅斯發動這次戰爭的敘事，是徹底否認烏克蘭本身作為一個主權國家繼續存在的合法性。也就說，按照俄羅斯總統的敘事：烏克蘭成為主權國家這件事本身就是一個錯誤，是列寧和布爾什維克黨以"蘇聯"形式分裂俄羅斯帝國的歷史錯誤，而戰爭的目的，就是為了糾正這個錯誤。

而俄羅斯作為一個主權國家宣言要對另一個主權國家進行"去軍事化"和"去納粹化"，俄羅斯部隊的軍事目標，包括了要捉拿敵國政府首腦們作為"犯罪分子"，並"繩之以法"。顯然這個"法"並不是烏克蘭的法律，而只可能是俄羅斯總統的法律。俄羅斯總統對烏克蘭的戰爭宣言，完全複製了史達林對二戰德國的敘事。

至於假設中的、被俄羅斯全面軍事佔領後烏克蘭人民的前途，俄羅斯總統已經為他們想好了，政策的核心是"自由"，包括讓所有人"自主選擇本人和子女未來的自由"。對象包括生活在當今烏克蘭領土上的所有民族、全體人民，都應享有這種"選擇權"。是的，確切無誤，俄羅斯總統說的，就是"烏克蘭領土"，就是"領土上的全體人民"。

　　烏克蘭人民有權選擇什麼？"打破國界阻隔"。

　　戰爭的性質無可爭議：這是滅國之戰。

　　這不是主權國家之間的"邊境衝突"，而是發生在21世紀的"滅國之戰"。

　　俄羅斯國家武裝閃擊烏克蘭首都基輔，要用武力徹底消滅烏克蘭國家主權的存在，這種敘事完全忽略了以下現實：烏克蘭是擁有聯合國合法席位的主權國家、其國家主權獨立被世界上170個國家所承認，這些承認的國家包括了中國、美國以及俄羅斯自己在內的聯合國安全理事會常任理事國"五大國"。而且，烏克蘭歷任當局從沒有宣稱烏克蘭政府是"俄羅斯"在世界上的唯一合法政府"，烏克蘭更從沒有宣稱對"俄羅斯"全國領土擁有主權，或者"俄烏兩地同屬一個烏克蘭"。

　　這種做法不是"主權共享"，這是"主權共享"的反義，但非常符合俄羅斯的民族敘事："俄羅斯的領土沒有邊界"。

　　在1917年俄國十月革命前，"全俄羅斯人"這個術語包括三個主要的東斯拉夫民族——大俄羅斯人、小俄羅斯人和白俄羅斯人，俄烏戰爭之後，俄羅斯總統在正式場合再次用一百年前的術語稱呼烏克蘭：小俄羅斯。那是俄羅斯帝國時代對於俄羅斯、烏克蘭、白俄羅斯三國的歷史敘事："全俄羅斯人"。

這三個國家也是"蘇維埃社會主義共和國聯盟"（簡稱：蘇聯）的創始加盟共和國。

但蘇聯並不是"主權共享"意義上的國家。蘇聯的最高國家權力機關是"蘇維埃社會主義共和國聯盟最高蘇維埃"，就是人民代表大會制度。但和中國大陸不一樣，蘇聯最高蘇維埃的代表，是"生產單位代表制"。生產單位代表制，就是在蘇維埃制下，選舉單位和國家的基層組織不按地域劃分，而是按經濟和生產單位（比如工廠）劃分。這個規則徹底否定了加盟共和國在國家最高權力機關的權力分配。

蘇聯的最終下場是：俄羅斯、烏克蘭、白俄羅斯三國，作為蘇聯的三個創始加盟共和國，一起聯合收回了各自共和國的權力，宣告蘇聯的解體。值得說明的是，蘇聯解體之後的過渡組織"獨立國家聯合體"是獨立國家的一種國家間組織，並不是國家，這也是《獨立國家聯合體章程》規定的。

有一個歷史之謎是：在 2022 年 2 月俄羅斯發動對基輔的軍事進攻之前，俄羅斯曾經有歷史機會以和平的方式和烏克蘭、白俄羅斯一起，三國合併成一個俄羅斯帝國意義上的"全俄羅斯"嗎？答案是：不可能。俄羅斯、烏克蘭、白俄羅斯三國合併所能達到的最高成就，就是蘇聯。即使三國最後真的又成了新蘇聯，又能怎樣？最後結果也只能是再解體一次。就因為烏克蘭這一個國家在自我的身份認同上，不再是"小俄羅斯"。

俄羅斯帝國雛形是一個東斯拉夫國家，在民族和地理上都屬於東歐。俄羅斯後來成為一個以擴張理念立國的歐亞大國。烏克蘭的哥薩克曾經為俄羅斯帝國的擴張立下汗馬功勞，但是當俄羅斯帝國擴張到遠東的白令海峽，俄羅斯自命為"歐亞大國"，俄羅斯民族原來的本體"全俄羅斯人在歐洲的那部分"包括哥薩克在內的歐洲民族，在自我認同上就出現了分化，這些民族從人口種族和領土地理上，都屬於歐洲，也自認為是歐洲民族，而不是一個"歐亞民族"。通俗來說，就是烏克蘭人認為自己是歐洲人，俄羅斯人認為自己是歐亞人，同時佔有亞洲和歐洲土地。

但是，佔有是雙向的，你佔有了一件東西，它屬於你了，但同時你也"屬於"它了。

分裂的種子，就此埋下。

烏克蘭不想再自稱"俄羅斯"，甚至不希望自己被看作"俄羅斯"，這一點在第二次世界大戰後，隨著歐洲統一思潮進入高潮，以及歐洲大陸啟動"一體化"進程後更加明顯。與此同時，俄羅斯作為"非歐洲"國家，被"一體化"

的歐洲接納的可能性微乎其微，如果不是等於零的話。同理，作為"橫跨歐亞大陸"的土耳其，在申請要求"歐洲"接納時，可能會出現同樣的問題，但土耳其的問題小得多。因為歐洲國家不會擔心土耳其會不會閃擊某個歐洲國家，或企圖併吞某個小國領土，或者擔心土耳其會不會有一天威脅要核攻擊北歐。向鄰居領地武力擴張的成功也許會帶來一時的心理滿足與榮耀 但也會帶來反噬。

歐洲會認同烏克蘭是"我們"，但不可能認同俄羅斯是"我們"。同理，烏克蘭會認同歐洲是"我們"，但不可能認同俄羅斯是"我們"。

這就是俄羅斯的民族敘事困境。

如果它捨得放棄亞洲，讓"西伯利亞共和國"獨立，讓俄羅斯重新成為一個純粹的歐洲國家呢？是的，如果俄羅斯採取這種敘事，烏克蘭就有可能在自我認同上，認同俄羅斯是"我們"，俄羅斯、烏克蘭、白俄羅斯這三個所謂同文同種的東斯拉夫國家，就可以再次達成對我們"的認同，但如果俄羅斯不擴張，它就不是俄羅斯了。

"主權共享"理論給俄羅斯提出的問題是：它只能選擇一個方向擴張。要麼擁有烏克蘭和白俄羅斯，要麼擁有西伯利亞，二者只可選一。如果俄羅斯選擇要一個"大俄羅斯家庭"，那它必須重新贏得烏克蘭的自我身份認同，才有可能聯合三國在"主權共享"的基礎上合併成一個"大俄羅斯"。在"未來的歷史"裏，如果俄羅斯最終選擇回歸歐洲，這也意味著，俄羅斯必須放棄西伯利亞。

中國大陸在俄烏戰爭中的態度非常耐人尋味，既不譴責俄羅斯，也不承認俄羅斯對克裏米亞以及烏克蘭東南部的併吞。既與烏克蘭保持正常的友好外交關係，同時又堅定維持甚至擴大和俄羅斯的經濟貿易合作。

俄羅斯的戰爭資源和潛力遠未耗盡，烏克蘭的背後，則有包括歐洲聯盟和美國在內整個西方國家世界作為後援。

克裏米亞和烏克蘭東部，成為這場戰爭中兩國爭奪的焦點，但是戰爭的區域，隨著戰爭規模的螺旋升級，則可能會不斷擴大至烏克蘭的西部和俄羅斯本土。雙方都在期待，對方會因為無法經受壓力而先崩潰。

2023 年 6 月，俄羅斯的瓦格納武裝部隊叛亂事件，讓很多期待俄羅斯先內部崩潰而先承認戰敗的人們一度看到了希望。但很多人忽視了這次震驚世界的叛亂，叛軍的訴求並不是要結束戰爭，而是要升級戰爭。目前為止，俄羅斯國家領導人對俄烏戰爭的定義是“衝突”，也以這個名義，不進行全面戰爭的國家總動員，為了儘量減少國防部隊的義務兵傷亡數字，逐漸以私人武裝作為“消耗戰”的主力，並以小部分的國家義務兵軍隊作為輔助部隊。

也就是說，俄烏戰爭中，俄羅斯的戰術重點，是在維持現狀的消耗戰中儘量減少義務兵傷亡消耗，盡可能保護義務兵安全。一旦這個策略作為戰場調度的原則，物資和武器資源無疑也大量向著不承擔主攻任務、卻本來就佔有大量資源的小股義務兵部隊轉移。承擔主攻任務卻又大量傷亡的私人部隊無疑覺得這種政策"很不公平"，在多次向負責資源分配和調度的俄羅斯國防部門警告無效之後，只好向國家元首實行"兵諫"。這就是 2023 年 6 月俄羅斯的瓦格納叛亂事件的背後邏輯。

如果俄羅斯進行全國總動員，大量義務兵上正面戰場，在消耗戰中擔任主力，無疑將會出現義務兵的大量傷亡，這時候，隨著俄羅斯國內的陣亡士兵家庭數量不斷增加，民間壓力才會真正出現，俄羅斯國內爆發"革命"的概率才會越來越大，但和 1917 年革命不一樣，這次俄羅斯再無一個普適性的意識形態作為革命的指導思想，可以犧牲"俄羅斯帝國"作為替罪羊而體面退出戰爭。新上臺的俄羅斯國家領導人如果命令俄羅斯軍隊全部撤離原來已經併吞的克裏米亞和烏克蘭東部地區，他本人也會很快下臺。

所以，在俄烏戰爭中，如果俄羅斯不能支撐到烏克蘭先崩潰，俄羅斯只有最後一個可能性：各加盟共和國無法再支撐"俄羅斯的戰爭"，而宣佈脫離俄羅斯聯邦。這就是俄羅斯的二次解體。

也許，歷史會給出更好的答案。

作者簡介

邱治平，生於 1976 年，中共黨員，籍貫廣東清遠，畢業於廣東工業大學，持工學學士學位，非著名企業家、社會活動家。

www.ingramcontent.com/pod-product-compliance
Lightning Source LLC
Chambersburg PA
CBHW060248030426
42335CB00014B/1629